Guía visual para
Falsear
Cerraduras

3ª edición

standard publications, inc.

Tercera edición 3.0

Guía visual para
falsear cerraduras

Autores
Mark McCloud
Gonzalez de Santos

Ilustración
Mirko Jugurdzija

Editores
Jin Fujiwara
Lynard Richmar

standard publications, inc.

Diseño de la cubierta: **Mano Kime**
Editor de diagramación: **Hori Hashimoto**
Editor de producción: **Rene Isaacs**
Administrador de fabricación: **Standard Publications, Inc.**

 Copyright © Standard Publications, Inc., 2011
Standard Publications, Inc.
Champaign, Illinois 61825

Todos los derechos reservados. Ninguna parte de este libro puede ser reproducida, almacenada en un sistema de recuperación ni transmitida, de ninguna forma ni por ningún medio, ya sea electrónico, mecánico, fotocopia, grabación o cualquier otro, sin la previa autorización escrita de la editorial.

Ni el autor ni la editorial de este libro ofrecen garantía de ningún tipo, expresa o implícita. Ni el autor ni la editorial serán responsables, en ningún caso, de los daños accidentales o indirectos relacionados o resultantes del suministro, la puesta en práctica o el uso de esta información.

La editorial ofrece descuentos cuando este libro se ordena en grandes cantidades.

ISBN   978-0-9722691-8-6

Traducción al español: Translation by Design

Impreso por Standard Publications, Incorporated en los Estados Unidos de América

www.standardpublications.com

Extracto de la edición de 1832 de la Enciclopedia de Edimburgo

La CERRADURA es un instrumento muy conocido que se usa para asegurar puertas, cofres, etc. y evitar que puedan ser abiertos sin la llave adecuada. La cerradura simple y común consta de un pestillo fuerte, que generalmente está alojado dentro de una caja de metal, de modo de admitir movimiento hacia atrás y hacia adelante. El pestillo debe estar confinado por todos lados, de tal modo que se impida el acceso a él, excepto por una pequeña abertura a través de la cual se debe introducir una llave para retraerlo. Dentro de la cerradura, esta abertura debe estar rodeada por numerosas guardas o trozos de metal, que forman un pasaje tortuoso e interrumpido para evitar la introducción de cualquier instrumento inadecuado o llaves falsas, que puedan violar la cerradura y retraer el pestillo. [...] En efecto, una persona malintencionada puede proveerse de un juego de llaves, llamadas llaves maestras, que pueden abrir casi cualquier cerradura construida con los principios antes mencionados. Este tipo de llave maestra es una llave que está cortada de modo de dejar completa solo la parte del diente que mueve el pestillo y reducir el resto a una pieza fina, solo con la fortaleza necesaria para mover el pestillo sin romperse. Es fácil ver que este tipo de llaves pueden sortear los obstáculos de las guardas, porque tienen muy poco metal sólido. [...]

Para producir cerraduras que no presenten estas objeciones, muchos mecánicos ingeniosos han puesto su atención en el tema de la fabricación de cerraduras. De hecho, asegurar la propiedad contra la depredación de otros es tan importante, que a pocos instrumentos se le ha dedicado tanto esfuerzo, y con tanta ingenuidad, como a las cerraduras.

La mayoría de las invenciones para las cerraduras supuestamente poseían alguna ventaja en particular, tales como fortaleza para resistir la violencia o seguridad contra el falseo. Algunos especuladores han trabajado sobre un principio completamente distinto: el de colocarle una alarma, una campana grande, una especie de alarma contra incendio, etc. a la cerradura, de tal modo que un intento de violar la cerradura hiciera sonar la campana o accionara la alarma contra incendio, provocando tanto ruido y confusión que el depredador no pudiese escapar. Los límites de este trabajo no nos permiten entrar en detalles de todos los esquemas que han sido propuestos para dar seguridad a las cerraduras, pero les prestaremos atención principalmente a los que se impusieron por sus propios méritos. [...]

El tema de las cerraduras es tan extenso, que dar una descripción de todas las diferentes formas y disposiciones que han sido propuestas por diversas personas excedería por lejos nuestros límites. (J. F.)

Índice

Introducción	**9**
1 Cerraduras de guardas	**14**
Cómo identificar las cerraduras de guardas	14
Cómo funcionan las cerraduras de guardas	15
Ejemplo de candado de guardas	16
Cómo falsear las cerraduras de guardas	20
Cómo tomar impresiones de las cerraduras de guardas	22
2 Cerraduras de tambor de pines	**28**
Cómo identificar las cerraduras de pines	28
Cómo funcionan las cerraduras de pines	28
Partes de las cerraduras de pines	29
Teoría de funcionamiento	30
Herramientas estándar	32
Apertura sin llaves	36
Cómo rastrillarlas	39
Cómo ganzuarlas	41
Ejercicios	48
Extractor de cilindros	50
Cómo manipularlas	52
Cómo utilizar las cuñas	54
Cómo ganzuar por impacto y vibración	56
3 Cerraduras avanzadas	**62**
Redondeados y biselados	63
Llaves maestras	66
Cómo descubrir llaves maestras	69
Pernos de alta seguridad	72
Herramientas de tensión	77
Girador de cilindros	80

4 Cerradura de cilindro de discos — 84
Cerraduras de doble cara — 86
Cómo falsearlas — 88

5 Cerraduras tubulares — 94
Cómo funcionan — 95
Cómo falsearlas — 98
Método de rastrillado — 100
Manipulación individual de pernos — 108
Después de abrir la cerradura — 111
Cerraduras tubulares de alta seguridad. — 112
Herramientas improvisadas — 118

6 Cerraduras de palanca — 122
Cerraduras antiguas de palanca — 122
Cómo funcionan las cerraduras de palanca — 124
Cómo falsear las cerraduras de palanca — 131
Placas de alta seguridad — 134
Amaestramiento de las cerraduras de palanca — 137

7 Cómo tomar impresiones — 142
Preparación de la llave en bruto — 144
Impresión de la cerradura — 146
Ejemplo de toma de impresión — 154

8 Cerraduras de combinación — 162
Cómo funcionan las cerraduras de combinación — 162
Cómo descifrar las cerraduras de combinación — 172
Conclusión — 191

9 Diatribas finales — 196

Glosario — 200

AVISO LEGAL — 211

Introducción

Antes de continuar leyendo debe comprender que la apertura de cerraduras es una forma de arte. Debe encarar el aprendizaje de este arte como lo haría con cualquier otro. Posiblemente no tenga éxito al comienzo, pero con tiempo y dedicación puede llegar a dominarlo. Como la mayoría de las habilidades aprendidas, el falseo requiere práctica. Mucha práctica. Este libro presenta los diferentes métodos y técnicas usados para falsear cerraduras[1], así como las herramientas necesarias. La comprensión de cómo trabajan las cerraduras permite falsearlas o manipularlas mejor. Por este motivo, este libro brinda explicaciones detalladas e ilustradas de cómo funcionan los diferentes tipos de cerraduras. Se le presentarán muchas oportunidades en las que este conocimiento será invalorable durante el aprendizaje y en el campo.

Los métodos concretos para falsear las cerraduras son realmente muy simples. Solo debe aprovechar el diseño de la cerradura para poder abrirla sin la llave. Sin embargo, la aplicación de estas técnicas puede ser muy difícil. A medida que practique, verá que el falseo de una cerradura que le llevaba una hora, ya no le insumirá más de diez minutos. Es posible que la cerradura que le llevaba cinco minutos ahora le insuma solo unos segundos. A medida que practique estas habilidades, se volverá mucho más eficiente.

Este libro no entra en los detalles de las implicancias legales de falsear cerraduras. Usted es responsable de conocer las leyes y normativas de su localidad. Si está usando este libro como texto en un curso, pregúntele al instructor las dudas que tenga. No haga nada ilegal, y punto. Verá que hay muchas oportunidades legítimas en las que la habilidad de falsear una

---

1 N. de la T.
El término inglés *lock picking* significa abrir las cerraduras sin usar las llaves originales, pero sin recurrir a la violencia, sino mediante el uso de herramientas y/o técnicas especializadas.
En español, dentro del ámbito de la cerrajería, se suele utilizar simplemente el término "apertura" para designar esta tarea. Sin embargo, dadas la amplitud y la vaguedad de esta palabra dentro del léxico general, y siendo que este libro no está dirigido exclusivamente a cerrajeros profesionales, optamos por la expresión "falsear cerraduras", que se utiliza en algunos países de habla hispana y que se encuentra en la bibliografía de derecho penal como una de las variantes del hurto calificado.

cerradura es muy útil. Además de todos los cerrajeros profesionales del país, que se ganan la vida abriendo cerraduras en forma legítima, la habilidad de falsear cerraduras es útil para muchas profesiones. Oficiales de policía, personal de emergencia, magos, personal de recuperación y otros, deben apelar con frecuencia a la apertura de cerraduras en su trabajo profesional.

Siempre tenga presente por qué está falseando una cerradura en particular y piense que a menudo hay una mejor forma de manipular la cerradura, que posiblemente la ignore por completo.

Introducción

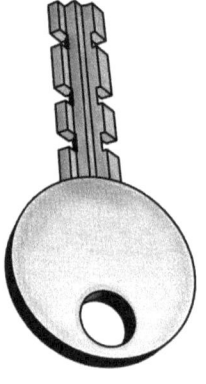

1

Cerraduras de guardas

Cerraduras de guardas

Las *cerraduras de guardas*[1] son probablemente uno de tipos de cerraduras más antiguos que existen. En la actualidad, las cerraduras de guardas están obsoletas para la mayoría de los usos. Son tan fáciles de falsear que no brindan mucha seguridad. A pesar de esto, todavía son muy útiles y siempre es mejor tenerlas que no tener nada.

Las cerraduras de guardas se popularizaron en la época de la antigua Roma. Durante muchos siglos, los gremios controlaron estrictamente la tecnología de las cerraduras, desde los detalles de cómo se hacían hasta quién podía ser aprendiz de cerrajero. Las cerraduras de guardas fueron el estándar durante ese tiempo. Para mejorar la seguridad, los chinos y los rusos antiguos recurrieron a esconder el ojo de la cerradura en un diseño elaborado con la esperanza de aumentar la seguridad de sus cerraduras de guardas. La inmensa escala de algunas cerraduras importantes brindaba una medida de seguridad adicional y las hacía más difíciles de falsear. Los europeos medievales fueron más lejos: agregaron trampas para las manos o los dedos, que atrapaban o amputaban los miembros de quienes osaran insertar una llave equivocada o trataran de forzar el mecanismo de la cerradura. Esta práctica siguió siendo común hasta comienzos del siglo veinte en muchas aplicaciones, incluso en cerraduras de puertas.

Cómo identificar las cerraduras de guardas

En la actualidad, las cerraduras de guardas se encuentran en candados baratos, muebles, esposas y equipaje. Si el *ojo* se parece a una de las figuras a la derecha, es muy probable que se trate de una cerradura de guardas. Las llaves para este tipo de cerradura generalmente se deslizan hacia adentro y hacia afuera casi sin fricción ni resistencia. Y, lo más importante, no se verán pernos ni discos cuando se mire dentro de la bocallave.

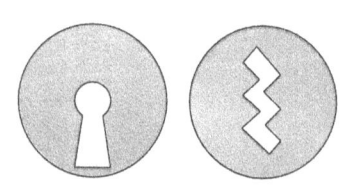

Ejemplo de bocallave con guarda

---

1 N. de la T.
También llamadas simplemente "cerraduras comunes".

Cómo funcionan las cerraduras de guardas

Cuando se abre una cerradura, el objetivo es, generalmente, rotar, mover o accionar de alguna manera el *pestillo*. El pestillo, a su vez, libera el arco, el cerrojo[2] u otro mecanismo de retención.

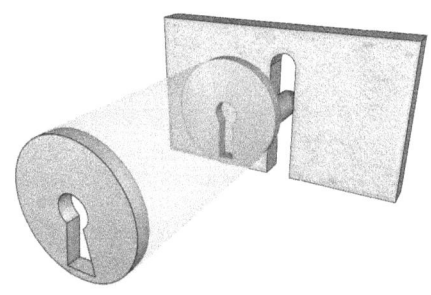

Cerradura simple - cerrada

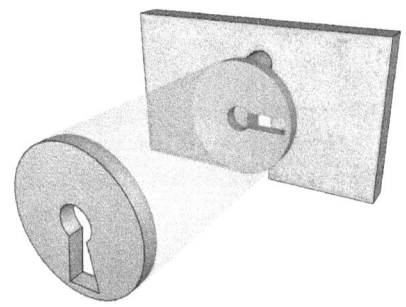

Cerradura simple - abierta

Comencemos por considerar un mecanismo de cierre simplificado. Consta de una *bocallave,* abertura en la que se inserta la llave, y un pestillo que se acciona por medio del *diente de arrastre* de la llave. Las figuras siguientes representan este tipo de cerradura.

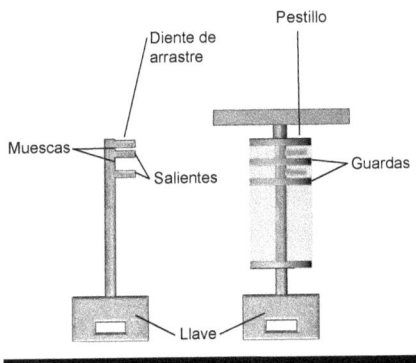

Partes de la cerradura de guardas

Las cerraduras de guardas llevan este concepto un paso más allá. Tienen un conjunto de *guardas* dentro de la cerradura. Las guardas son simplemente obstrucciones que se interponen en el camino de cualquier llave que no sea la correcta. Esto significa que todas las llaves para un tipo particular de cerradura de guardas deben tener el mismo diente de arrastre para hacer girar el pestillo. También tienen *muescas* distribuidas para poder evitar las guardas de una cerradura en particular. Las diferentes llaves tienen diferentes muescas; cada una diseñada específicamente para su propia

---

[2] N. de la T.
En el glosario al final del libro se explicita el significado específico de cada término dentro del alcance de esta guía, por ejemplo: Cerrojo - Pestillo que no está biselado ni accionado por resorte.

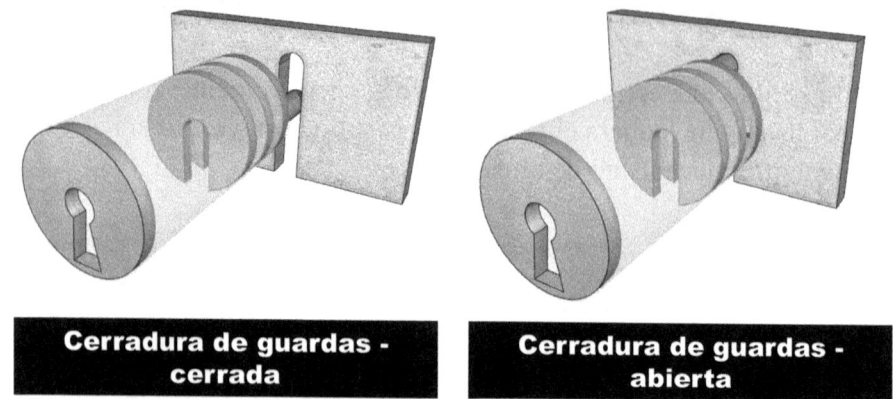

Cerradura de guardas - cerrada   **Cerradura de guardas - abierta**

cerradura. La llave correcta funciona simplemente porque tiene muescas que coinciden con las guardas y puede girar libremente. En teoría, solo la llave correcta puede abrir la cerradura, ya que cada cerradura tiene las guardas en diferente ubicación y las muescas tienen que coincidir adecuadamente.

Ejemplo de candado de guardas

Los candados de guardas no son tan comunes como los de tambor de pines[3]. Sin embargo, se pueden encontrar en todas partes, incluso en su ferretería local. A primera vista, parecen iguales a los de tambor de pines, excepto por el precio más bajo. Pero cuando un ojo entrenado los inspecciona de cerca, resulta evidente que son de calidad inferior. Vamos a analizar el funcionamiento de los candados comunes de guardas, para que pueda comprender mejor cómo trabajan y cómo se abren.

Una forma de identificar un candado de guardas es por su inconfundible bocallave. La bocallave suele estar compuesta por un disco pequeño que gira libremente y tiene un agujero dentado. Este agujero actúa como una especie de guarda. Solo una llave con el perfil y la forma adecuados puede pasar a través de él. La seguridad que proporciona este diseño es mínima, y podrá

---

3 N. de la T.
La cerradura de tambor de pines es más conocida como cerradura "tipo Yale".
A pesar de que en los países de habla hispana es más frecuente que se conozca a las cerraduras por su marca, por su uso o por las características de la llave que las abre, que por los componentes o la forma de funcionamiento de la cerradura, este texto respeta la designación utilizada en la versión original en inglés.

Cerraduras de guardas Candado de guardas

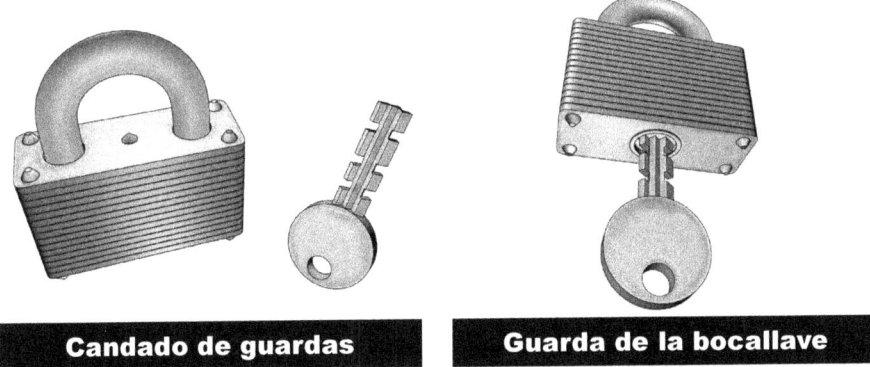

Candado de guardas **Guarda de la bocallave**

encontrar muchas herramientas que pasan con facilidad por las guardas de la bocallave.

Como se puede ver en la figura siguiente, el candado está construido a partir de muchas placas de metal apiladas y sujetas por cuatro vástagos. La mayoría de las placas tienen solo tres agujeros: dos para el arco y uno para que pase la llave. Sin embargo, algunas están diseñadas específicamente para fines especiales. Por ejemplo, en vez de un canal redondo para la llave, algunas placas tienen una ranura plana que solo permite el pasaje la llave pero no el giro. Estas placas actúan como guardas. La llave pasa a través de ellas con facilidad cuando se inserta en la cerradura. Pero cuando se intenta girar la llave, la guarda lo impide, salvo que la llave esté recortada lo suficientemente fina en ese punto para girar dentro de la ranura. Las diferentes combinaciones de llaves se hacen simplemente con una redistribución de las placas dentro de la pila.

Ahora vamos a analizar detenidamente el interior del candado para comprender cómo funciona. En este ejemplo, dos de las placas son especiales y crean el

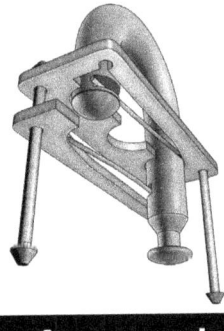 

Arco cerrado **Candado de guardas - corte**

verdadero mecanismo de traba. La figura anterior muestra solo esas dos placas y cómo sostienen el arco en su lugar. Cada una de ellas contiene un resorte de metal que se apoya en una muesca del arco. Mientras la pequeña pieza de metal está en la muesca, el arco no se puede levantar y permanece cerrado. La llave, u otra herramienta, simplemente dobla el resorte de metal y libera el arco. Una vez que está fuera de la muesca, el arco está libre para salir del candado y otro resorte impulsa el arco hacia afuera. Es importante tener en cuenta que este candado tiene dos piezas de metal trabando el arco en posición, una de cada lado del arco. El candado no se abre a menos que ambas piezas de metal se muevan simultáneamente.

Esta vista de corte completo muestra cómo encaja el conjunto. Las placas de guarda y de traba se han sombreado para mostrar la distribución interna. Se puede ver cómo pueden ser reordenadas para requerir una llave diferente. Cada lado del arco está sujeto por un resorte de metal que lo mantiene en posición, en los lados opuestos del candado. Un lado de la llave debe empujar el resorte de metal hacia abajo, mientras otra parte de la llave debe empujar el otro resorte de metal hacia arriba.

La forma de la bocallave está diseñada para garantizar que solo se pueda utilizar el tipo de llave apropiada al insertarla en el candado. Sin embargo, al observar la vista del corte, se puede ver que la forma del ojo solo está presente en la entrada misma del canal de la llave, y se pueden encontrar muchas herramientas, o incluso otras llaves, que puedan pasar. Casi cualquier objeto metálico plano puede hacerlo.

Si la llave solo se inserta parcialmente en el candado, los resaltes de la paleta pueden chocar contra las guardas al tratar de girar. Como se puede

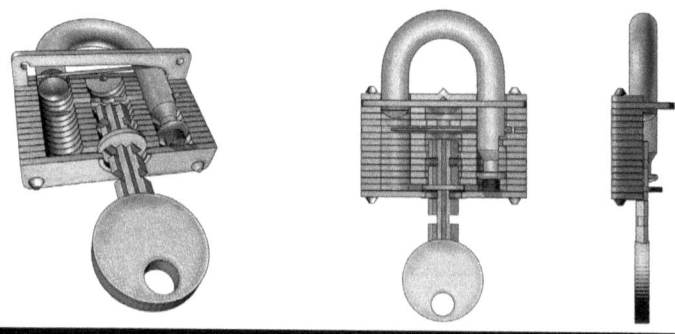

Llave parcialmente dentro del candado

Cerraduras de guardas   Candado de guardas

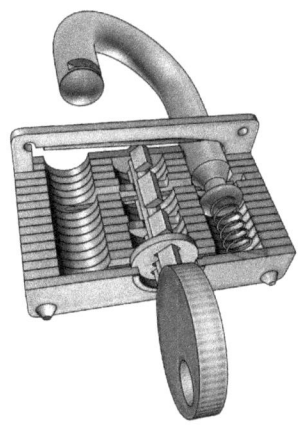

Candado de guardas - abierto

ver en la primera de las figuras siguientes, hay una guarda que impide el giro de la llave. Es suficientemente grande para permitir que la llave se inserte en una orientación, pero no permite que gire. A veces la llave se puede colocar parcialmente en el candado de modo que sus muescas queden alineadas con guardas que no les corresponden, y puede girar libremente. Sin embargo, es posible que los dientes de arrastre no estén en la posición correcta para mover los resortes que mantienen el arco en su lugar. Por eso, no solo es importante que la llave no tenga resaltes que se interpongan en el camino de las guardas, sino también que tenga los dientes en las ubicaciones necesarias. Puede ser necesario que tenga más de un diente de arrastre, como en este ejemplo. Algunas cerraduras solo necesitan un diente de arrastre en el extremo de la llave, otras no. La punta de la llave no es la única ubicación posible para el diente de arrastre necesario. Algunas cerraduras de guardas

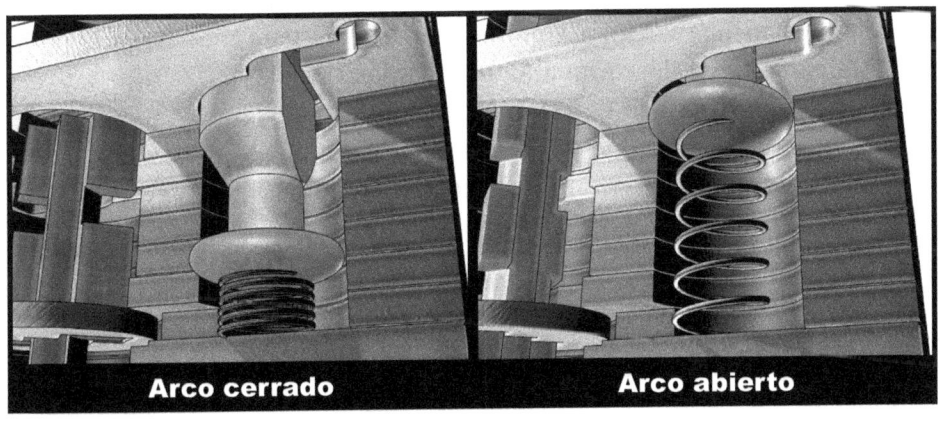

Arco cerrado   **Arco abierto**

presentan formas de guardas aún más extrañas en un esfuerzo por dotarlas de mayor seguridad.

Cuando la llave adecuada se inserta completamente y se hace girar, empuja las dos piezas de metal hacia afuera de las muescas del arco. El arco queda libre para salir del candado y girar. Generalmente hay un resorte dentro del candado que empuja el arco hacia afuera en forma automática. En este ejemplo en particular, el candado tiene ese resorte. Hay incluso una placa especial que tiene un resalte para evitar que el arco vuele hacia afuera del candado cuando se abre. Los candados más comunes tienen un mecanismo similar que mantiene el arco conectado al candado aún cuando está abierto.

Cómo falsear las cerraduras de guardas

Es bastante fácil falsear las cerraduras de guardas. Todo lo que hay que hacer es mover el pestillo. Lamentablemente, encontrará guardas en el camino. La forma fácil de manejar las guardas es simplemente evitarlas. Las guardas no impedirán el giro de la llave si ésta no tiene partes salientes de metal que se interpongan en el camino de las guardas. Entonces, repasemos el diseño de la cerradura simple que describimos antes. Hagamos una llave que solo tenga una *lengüeta* y un *diente de arrastre*. El diente se usa para accionar el pestillo. No hay obstrucciones en la lengüeta que interfieran con las guardas. Esta llave solo tiene la cantidad mínima de metal necesaria para que funcione en diferentes cerraduras. Por eso se les llama *llaves maestras*[4].

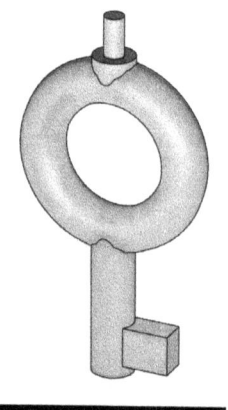

Llave de esposas

Por eso, la mejor manera de falsear una cerradura de guardas es con una colección de llaves maestras para los diferentes tipos de cerraduras de guardas. Pruebe en la cerradura cada una de las que tenga en el juego. Inserte la llave lo más que pueda e intente girarla. Si no funciona, intente moviéndola un poco y luego pase

---

4 N. de la T.
En inglés "skeleton keys".
En español no hay distinción terminológica entre este tipo de llaves maestras, similares a las ganzúas, y las llaves maestras propiamente dichas que se tratarán en un capítulo posterior.

Cerraduras de guardas Cómo ganzuarlas 21

a la siguiente. Hacer sus propias llaves también es fácil cuando se utiliza el método de impresión descrito más adelante. Según el tipo y la forma de la cerradura de guardas, necesitará una llave maestra adecuada. Hay juegos de llaves maestras comunes que los cerrajeros pueden utilizar con éxito en la mayoría de las situaciones. A menudo, solo se necesita un alambre doblado o una herramienta en forma de L para abrir la cerradura.

Es interesante destacar que la mayoría de las esposas que se usan en la actualidad tienen cerraduras de guardas. Estos dispositivos se adoptan específicamente para limitar los movimientos físicos. Aquellas que se usan con frecuencia deben ser durables y rentables. En el uso normal, los cierres en las muñecas simplemente se pueden cerrar y ajustar con trinquete. La única manera de abrirlos es mediante el uso de una llave. Las esposas profesionales permiten el uso de *doble cierre*. Están diseñadas para evitar que se sigan apretando una vez que están doblemente trabadas. Esto permite disminuir las magulladuras indebidas e involuntarias de quienes deben usarlas. También hace que las esposas sean más difíciles de abrir con una cuña o de falsear. La llave se debe girar en una dirección y luego en la otra para abrir completamente las esposas. El primer giro desarma el mecanismo de doble cierre; la otra dirección desactiva el mecanismo del trinquete y permite girar el cierre de la muñeca hacia afuera. La mayoría de las llaves

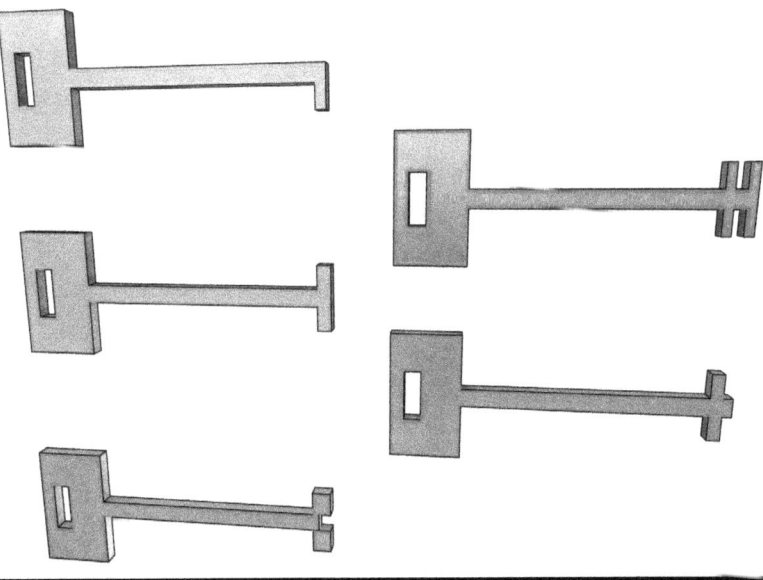

Llaves maestras

para este tipo de esposas tienen un pequeño diente que se puede usar para mover un pasador o ser insertado en un agujero específico para accionar el doble cierre.

Observe que algunas de las llaves que se muestran aquí parecen tener más de un diente de arrastre. Esto es porque muchas cerraduras de guardas en realidad exigen que se muevan dos pestillos al mismo tiempo para abrirlas, tal como se mostró en el ejemplo del candado de guardas de este libro.

Cómo tomar impresiones de las cerraduras de guardas

La *toma de impresiones* de las cerraduras de guardas es un método que se puede usar para crear una llave nueva para una cerradura sin tener la llave original, ni conocer su forma. En general, es muy sencillo usar solo una llave maestra o una herramienta en forma de L para abrir las cerraduras de guardas. Sin embargo, algunas veces será útil crear una llave real. Para comenzar a hacer su propia llave, primero necesita una llave *en bruto* adecuada. Con frecuencia es difícil encontrar una llave en bruto para muchas de las cerraduras de guardas, ya que son poco comunes o se consideran demasiado baratas para tomarse el trabajo de duplicarlas. Una llave en bruto adecuada para comenzar a trabajar debe cumplir con los siguientes requisitos:

- Calzar bien en el ojo de la cerradura, pero no tan gruesa que se raspe a lo largo del canal de la llave.

- Ser suficientemente ancha para llenar el canal de la llave de tal modo que pueda girar o mover lo que sea necesario para abrir la cerradura.

- Ser suficientemente fuerte para soportar una buena cantidad de fuerza sin romperse si doblarse demasiado.

- Poder soportar el esfuerzo de esmerilado, limado o corte sin fisurarse ni romperse.

Una llave de otra cerradura del mismo tipo es a menudo un elemento perfecto para comenzar. Sin embargo, suele ser suficiente un trozo de metal largo y plano. Una hoja de sierra puede cumplir fácilmente con estos requisitos.

Cerraduras de guardas   Cómo tomar impresiones

Las hojas vienen en diversos tamaños, por lo que es de esperarse que alguno sirva para su cerradura. Son bastante baratas y fáciles de conseguir. Las hojas negras de sierra son muy comunes, pero es posible que sea más difícil ver las marcas en ellas cuando se use el método de las marcas de hollín que se describe más abajo. Si decide trabajar con una hoja de sierra, es una buena idea esmerilar o limar sus dientes por seguridad.

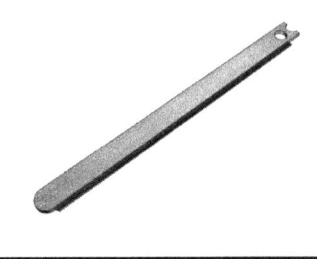
Hoja de sierra

Las limas funcionan muy bien como herramienta, se encuentran con facilidad y son muy baratas. Sin embargo, una rueda de esmerilar le ayudará a trabajar con mayor rapidez y facilidad. Puede encontrarlas en la mayoría de las ferreterías locales. Una rueda de corte más fina le permitirá hacer cortes más precisos que la gruesa rueda de piedra que generalmente viene con el motor. Sin embargo, las ruedas de esmerilar pueden ser difíciles de transportar, y por eso carecen de la portabilidad y el control que brindan las limas. Para obtener resultados rápidos y precisos puede utilizar una rueda para la mayoría de los cortes y limas para los retoques de terminación.

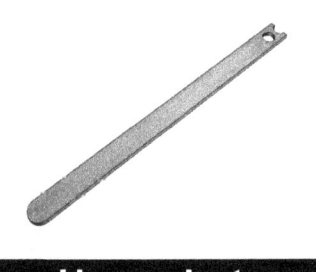
Llave en bruto

Una vez que tenga una buena llave en bruto, puede comenzar a tomar impresiones. Debe recubrir la llave en bruto de forma que sea fácil de marcar o raspar. Un método común para lograr este recubrimiento es sostener la llave en bruto sobre la llama de una vela. El hollín que se eleva en el humo sobre la vela cubrirá la llave bruto con un recubrimiento negro fino que se puede raspar con facilidad.

Sin embargo, a veces se puede raspar con demasiada facilidad. Si trabaja con una hoja negra las marcas son difíciles de ver, salvo que la levante a la luz y busque las diferencias en los reflejos. Haga algunos raspones de prueba para determinar cómo se ven. No sirve sostener la hoja sobre una estufa de gas, porque no hay humo ni residuos de la combustión que dejen un recubrimiento. Otro método es esperar que se derrita la cera de la vela y luego cubrir la llave en bruto con una capa de cera. Puede sumergir la llave en bruto en la acumulación de cera derretida que se forma junto a la llama.

Como alternativa, puede despegar la cera derretida que gotea por la vela y colocarla sobre la hoja. Se puede colocar la llave sobre la llama para derretir la cera en una capa uniforme. Si la capa de cera es muy gruesa, puede salirse cuando inserte la llave en bruto en la bocallave. La práctica le ayudará a determinar cuánta debe aplicar. Si prefiere simplemente pintar la llave en bruto, también puede funcionar bien.

Cuando esté conforme con el recubrimiento, puede comenzar la verdadera tarea de toma de impresiones. Si no puede insertar la llave en bruto en la cerradura sin raspar la superficie, el recubrimiento o la hoja son demasiado gruesos. Cuado haya insertado la llave en bruto completamente en la cerradura, gírela con bastante fuerza en ambas direcciones. Debe chocar con las guardas dentro de la cerradura y no girar mucho. El objetivo es que

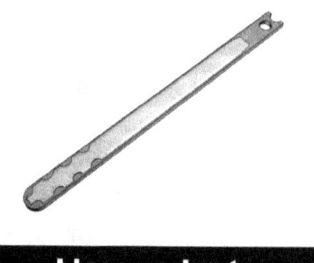

Llave en bruto con marcas

las guardas marquen el recubrimiento. Para hacer las marcas más visibles menee la llave en bruto.

Llave nueva

Ahora retírela con cuidado, asegurándose de no crearle nuevas marcas mientras lo hace. Debe ser capaz de ver ranuras y rayones hechos por las guardas en la superficie de la hoja. Simplemente debe recortar las partes marcadas de la llave en bruto. Ignore las marcas longitudinales en el largo de la llave en bruto provocadas por la inserción y el retiro. Una vez que corte las partes de la llave en bruto que interfieren con las guardas, ¡su llave nueva debería abrir la cerradura!

Tenga cuidado con algunas cerraduras que tienen un pequeño perno, clavija u obstrucción al final del canal de la llave. Las llaves correspondientes tienen la punta en forma de U, son huecas o tienen un agujero en el extremo. Es necesario para no interferir con la clavija. Cuando se inserta, la llave calza alrededor de la clavija y puede girar sin problema. Si no puede ver

Cerraduras de guardas — Cómo tomar impresiones

una *guarda final* a simple vista dentro del canal de la llave, debe recubrir el extremo de la llave para verificar si hay una guarda final en el camino.

Algunos candados baratos requieren que se empuje el arco hacia adentro y hacia afuera mientras gira la llave para poder abrirlo. Si aún así no funciona, repita el proceso de impresión. Es posible que no haya recortado lo suficiente, o las guardas pueden tener formas extrañas que no dejan una marca clara desde el principio. Algunas cerraduras pueden tener guardas que solo se interponen después de girar la llave. Estas cerraduras también requieren que se repita varias veces la toma de impresión. Es posible que deba deslizar la llave levemente hacia adentro o hacia afuera para que funcione adecuadamente. Si recortó demasiado la llave, puede comenzar de nuevo o rellenar los recortes. La soldadura funciona bien si la cerradura no requiere mucha fuerza. Sin embargo es débil y no durará mucho.

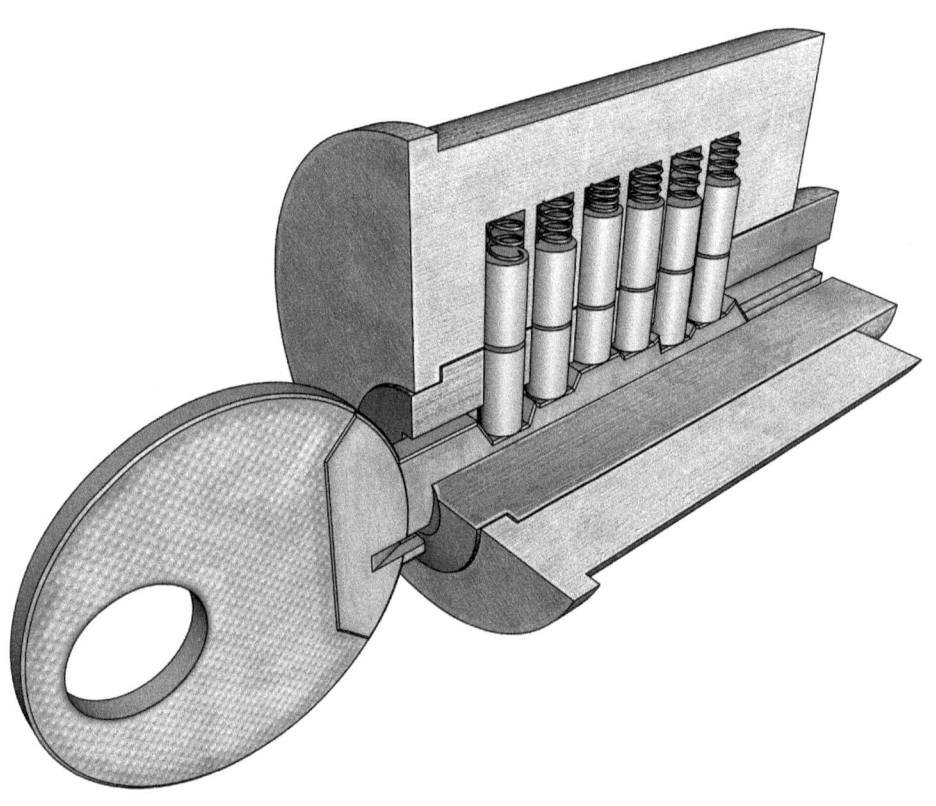

2

Cerraduras de tambor de pines

Cerraduras de tambor de pines

La cerradura de *tambor de pines* es la más común en los Estados Unidos. Es la tecnología básica de la cerrajería. Tal vez le sorprenda saber que es, además, una de las tecnologías más antiguas. Existen desde tiempos bíblicos, e incluso en las pirámides del antiguo Egipto se encontró una forma de cerradura de tambor de pines con largas llaves de madera. De hecho, estos dispositivos son más antiguos que los tenedores. En lugar de evitar que gire un cilindro, las cerraduras egipcias evitaban que se deslizara un pasador grande. Estas cerraduras no tenían resortes ni contrapernos, pero fueron revolucionarias para su época. Más adelante dieron paso a otros tipos de cerraduras y fueron mayormente olvidadas. Recién a mediados del siglo XIX, Linus Yale, fundador de la empresa de cerraduras Yale, implementó la cerradura de tambor de pines moderna con dos pines en cada columna. Su hijo continuó su obra y en 1865 creó un producto viable para la fabricación masiva. Hoy en día, se puede elegir dentro una amplia gama de cerraduras de tambor de pines. Varían en calidad, tamaño, número de combinaciones posibles y precio, y son esenciales para darle a nuestra sociedad una sensación de seguridad. Si esta sensación de seguridad es justificada o no, lo decide usted.

Cómo identificar las cerraduras de pines

Las cerraduras de tambor de pines son muy comunes en muchos lugares, se pueden encontrar dentro de las casas en cerrojos, cerraduras de puertas, armarios, candados, etc. Generalmente tienen *pines* (o pernos) visibles en el canal de la llave. Estos pernos a menudo son cilíndricos y se afinan en el extremo. Están accionados por un resorte que los hace volver a bajar cuando son empujados hacia arriba. Su aspecto es similar al de las cerraduras de *cilindro de discos*, que se analizarán en un capítulo posterior.

Cómo funcionan las cerraduras de pines

Puede llevar un tiempo comprender el funcionamiento interno de la cerradura de tambor de pines. Por eso, por favor, no se desmoralice. Si no comprende completamente el concepto, vuelva a leer la sección un par de veces. Además de los diagramas del libro, le ayudará conseguir una cerradura, desarmarla y ver cómo interactúan entre sí las piezas internas. Preste atención: las pequeñas piezas sometidas a la presión de los resortes volarán por la habitación si no presta atención.

Partes de las cerraduras de pines

A pesar de que muchas cerraduras de tambor de pines tienen cinco columnas de pernos, su número puede variar según la calidad de la cerradura.

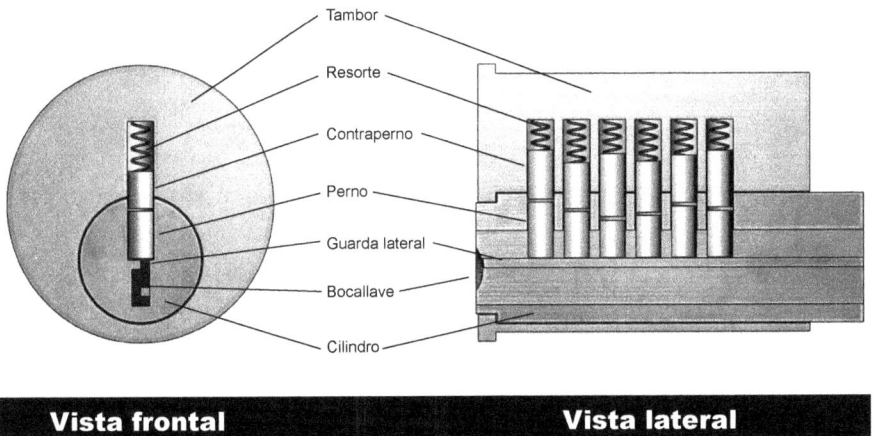

Vista frontal **Vista lateral**

Vamos a familiarizarnos con los componentes de la cerradura:

- La *bocallave* es la abertura por la que se inserta la *llave*.

- Las *guardas* laterales en el diseño de la cerradura de tambor de pines son salientes a lo largo de los lados del canal de la llave. Estas guardas calzan en las ranuras laterales de la llave. También evitan que los resortes empujen los pernos completamente hasta abajo.

- La pieza interior que rota cuando se gira la llave, se llama *cilindro*.

- El *tambor* o *cuerpo* de la cerradura es el cilindro exterior. El tambor permanece fijo y no se mueve.

- Cada conjunto de pernos tiene un *resorte* que empuja los pernos hacia abajo.

- Cada columna de pernos de la cerradura tiene en realidad dos pernos. Uno apoyado sobre el otro. Solo uno está visible, salvo que se desarme la cerradura. El *perno superior* llamado *contraperno,* impulsa o empuja el perno inferior hacia abajo. Todos los contrapernos son generalmente del mismo tamaño.

- Al *perno inferior* de cada conjunto se le llama solo *perno*, y es el que hace contacto con la llave. Cuando la llave no está dentro del canal de la llave, los pernos se apoyan sobre la guarda. Los pernos tienen largos variables y se corresponden con las muescas de la llave. Generalmente tienen un extremo algo afinado que queda visible.

Teoría de funcionamiento

Si no hay una llave insertada en la cerradura, los resortes empujan los contrapernos hacia abajo. Estos contrapernos se extienden desde el tambor hacia el cilindro. Cuando estos contrapernos se introducen en los agujeros del cilindro, mantienen al cilindro en su lugar e impiden que gire. Los pernos inferiores también pueden impedir el giro del cilindro si son empujados muy arriba y se introducen parcialmente en el tambor de la cerradura. Mientras haya un perno que cruce la línea que divide el tambor del cilindro, éste permanecerá trabado.

Cuando se inserta la llave correcta en la cerradura, el *cuerpo* de la llave levantan los pernos. Los pernos inferiores se apoyan sobre las muescas de la llave. Fíjese como el tamaño de las muescas complementa con exactitud el

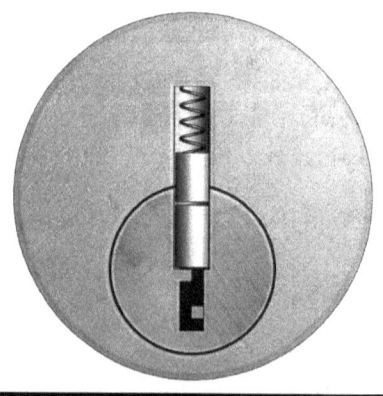

Vista frontal

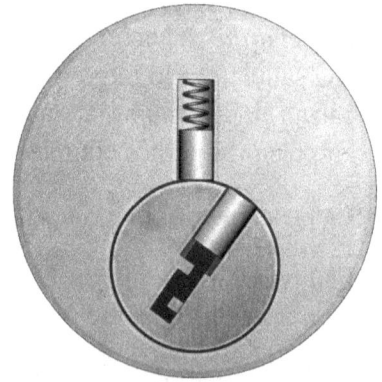

Vista frontal - llave insertada y cilindro girado

Cerraduras de tambor de pines Teoría de funcionamiento

tamaño de los pernos inferiores; cuanto más largo sea el perno, más profundo será el corte en la llave. Cuando la muesca esté a la altura correcta, la separación entre los pernos superiores e inferiores estará a la misma altura que la separación entre el tambor y el cilindro. Esta línea de separación se llama *línea de corte*. Cuando esto ocurre en todas las *columnas de pernos*, no quedan pernos que obstruyan la línea de corte e impidan la rotación del cilindro. Entonces la llave puede girar y abrir la cerradura.

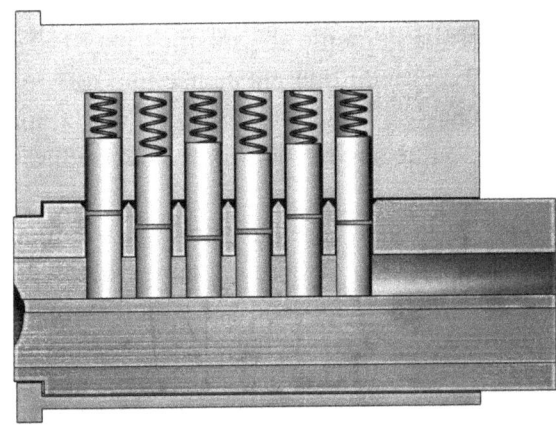
Vista lateral en corte

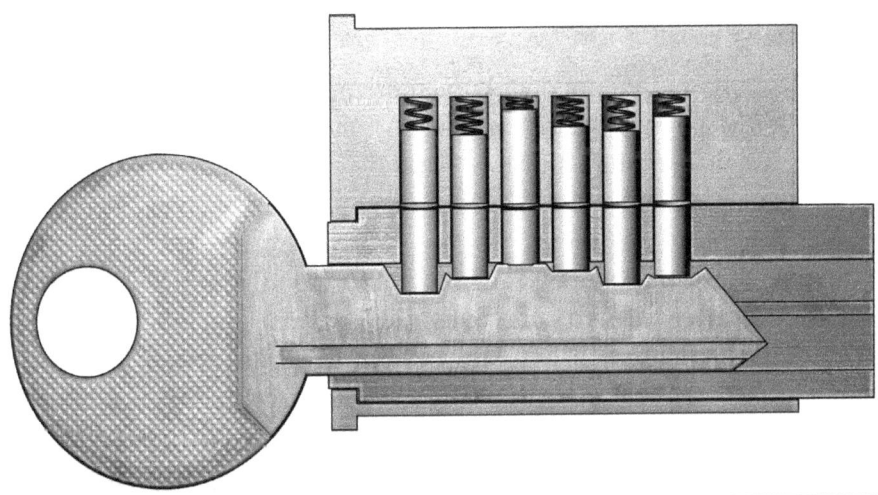
Vista lateral en corte - llave insertada

Herramientas estándar

Existen juegos de herramientas estándar que usan muchos cerrajeros y profesionales de la seguridad. Pero las opciones no se limitan en absoluto a estas herramientas profesionales. Puede encontrar muchos objetos comunes que funcionan de la misma manera, si no mejor.

El *mango* es la parte de la herramienta que usted sostiene. Por ser la parte con la que tiene contacto directo, debe ser cuidadoso y buscar uno con el que se sienta completamente cómodo. Los mangos usados en la mayoría de las ganzúas serán probablemente los mismos para todas las ganzúas y rastrillos de su juego. Es crucial que encuentre uno que le brinde un buen tacto, porque las ganzúas y la llave de tensión le dan la única información sensorial que le indica lo que sucede dentro de la cerradura.

La *espiga* o *lengüeta* de la ganzúa es la parte larga y fina de metal entre la punta y el mango. Debe ser suficientemente fuerte para no doblarse demasiado; pero al mismo tiempo debe ser suficientemente delgada para poder maniobrar dentro del canal de la llave y no obstruir el movimiento de los pernos.

La *punta* debe permitir con facilidad la inserción, el retiro y la maniobrabilidad dentro del canal de la llave. También debe transmitirle bien el tacto de los pernos. Esta percepción de la información es absolutamente crucial para el éxito.

No pierda demasiado tiempo en la memorización de los diferentes diseños de rastrillo. Si por alguna razón uno no funciona, siempre puede probar con otro. Cada cerradura tiene su propia personalidad y, a través de la experiencia, aprenderá cuáles ganzúas funcionan mejor en cada cerradura.

La llave de tensión es una herramienta muy importante. Su objetivo no es solo hacer girar el cilindro, sino ayudarle a usted a percibir lo que sucede dentro de la cerradura. El extremo más corto se inserta en la bocallave, mientras usted empuja el extremo largo para hacer girar el cilindro. Es importante que seleccione la llave de tensión adecuada para la cerradura en la que está trabajando. La llave de tensión se usa para aplicar una fuerza de rotación sobre el cilindro. Es importante que esta llave no sea demasiado

Cerraduras de tambor de pines — Herramientas estándar

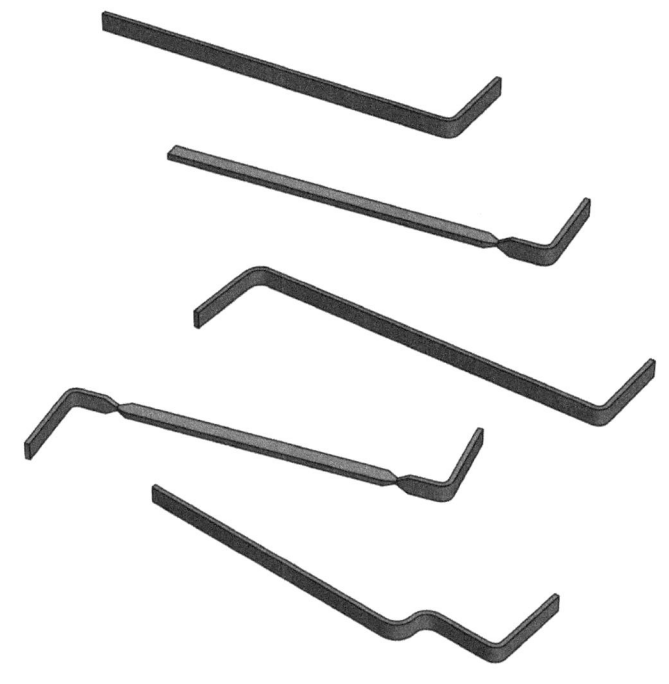

Llaves de tensión

grande, de modo que tenga más lugar para maniobrar la ganzúa en el canal de la llave. Tampoco puede ser demasiado pequeña, ya que no puede ser demasiado débil ni incapaz de aferrar la bocallave y hacer girar el cilindro. Algunas de estas llaves de tensión incluyen pequeñas partes elásticas que les dan cierto juego. Unas personas prefieren las versiones elásticas más maleables y dúctiles. Otras prefieren las firmes que permiten percibir más directamente las sensaciones del interior de la cerradura. En caso de necesidad, un desarmador de cabeza plana doblado se puede usar como llave de tensión eficaz.

Muchas de las herramientas enumeradas pueden ser usadas para distintos fines. Pueden adecuarse tanto para el rastrillado como para el ganzuado. Solo presentamos algunas sugerencias de los usos comunes de estas herramientas. No dude en usar cualquier herramienta que funcione para la situación dada. Las herramientas improvisadas y caseras pueden funcionar de la misma manera o mejor, si se hacen correctamente.

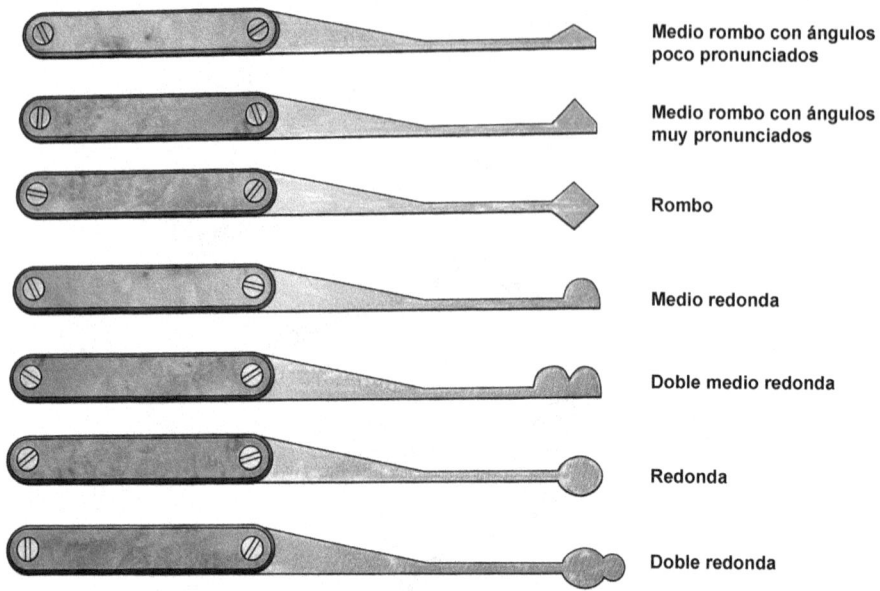

- Medio rombo con ángulos poco pronunciados
- Medio rombo con ángulos muy pronunciados
- Rombo
- Medio redonda
- Doble medio redonda
- Redonda
- Doble redonda

Diferentes ganzúas/rastrillos

- *Medio rombo con ángulos poco pronunciados.* Algunas ventajas de esta ganzúa son su facilidad para insertarla, retirarla y rastrillar sobre los pernos hacia adelante y hacia atrás. Es muy buena para las cerraduras en las que los pernos son de largo similar. Si la diferencia de altura de los pernos vecinos es muy grande, el rombo no podrá levantar un perno a la altura necesaria sin levantar demasiado el perno vecino.

- *Medio rombo con ángulos muy pronunciados.* Esta ganzúa es similar al medio rombo con ángulos poco pronunciados, excepto que admite mayores diferencias de altura de los pernos. Por sus ángulos más pronunciados, es más difícil de mover de un perno a otro. Se pueden conseguir ganzúas de medio rombo con *ángulo delantero* y *ángulo trasero* diferentes. Además de servir para ganzuar, los medios rombos son útiles para el rastrillado, el vibrado y el ganzuado inverso.

- *Rombo.* Es útil cuando la cerradura tiene pernos o discos de ambos lados del canal de la llave.

- *Medio redonda.* Trabaja bien en las cerraduras de cilindro de discos porque la parte redonda puede rodar de disco a disco.

Cerraduras de tambor de pines   Herramientas estándar   35

- *Doble medio redonda*. Igual que la medio redonda, pero ayuda a rastrillar las cerraduras de discos.
- *Redonda*. Es útil cuando la cerradura tiene discos de los dos lados.
- *Doble redonda*. Doble diversión.

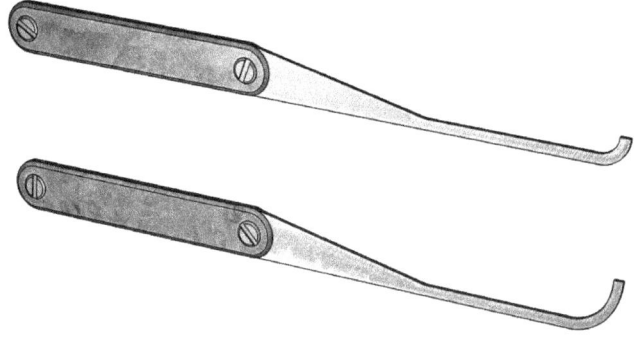

Ganzúas de gancho

Estas ganzúas de gancho son las herramientas estándar para falsear cerraduras. Con ellas se puede palpar cada perno individualmente y levantarlo sin tocar los pernos vecinos.

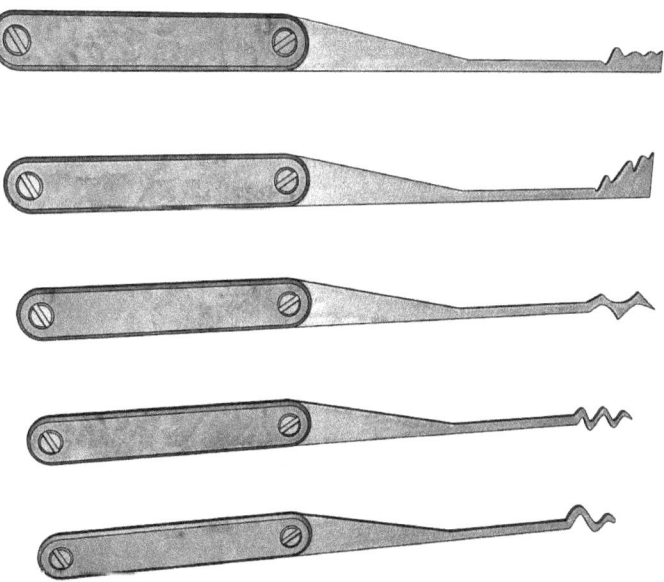

Rastrillos

Los diseños de rastrillos difieren mucho. Varían en la cantidad y la forma de los resaltes y ranuras. Algunos se parecen algo a las llaves, mientras que otros tienen un aspecto aparentemente aleatorio. Los diferentes resaltes, ranuras, crestas y protuberancias están diseñados para imitar a las llaves. Al rastrillar con estas herramientas se puede provocar que varios pernos salten a través de la línea de corte.

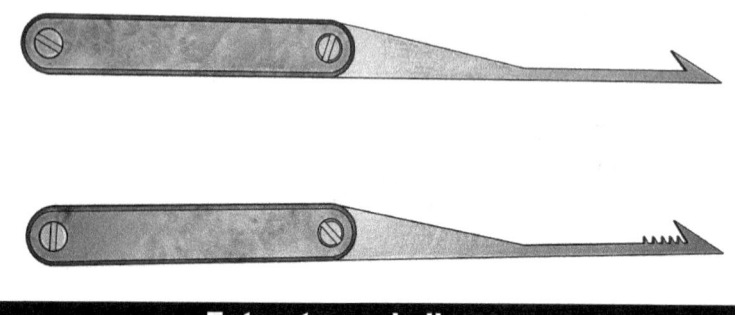

Extractores de llaves

Como lo indica su nombre, el extractor de llaves se usa para retirar trozos de llaves rotas que quedaron atrapados en el canal de la llave. Los extractores suelen tener forma de gancho o contar con dientes en un solo sentido para poder insertarse con facilidad, pero luego poder aferrar y retirar el objeto que obstruye.

Ganzúa redonda curva

A veces ayuda tener una curvatura adicional o una forma especial para que la ganzúa coincida con el tamaño o la forma de la cerradura. A medida que se enfrente a cerraduras de diferentes tamaños, deberá armar una colección de diversos estilos de ganzúas.

Apertura sin llaves

Tenga presente que aún cuando haya leído este libro y comprendido perfectamente el funcionamiento de una cerradura de tambor de pines, puede ser incapaz de falsearla en su primer intento. La práctica no tiene sustituto.

Cerraduras de tambor de pines   Apertura sin llaves   37

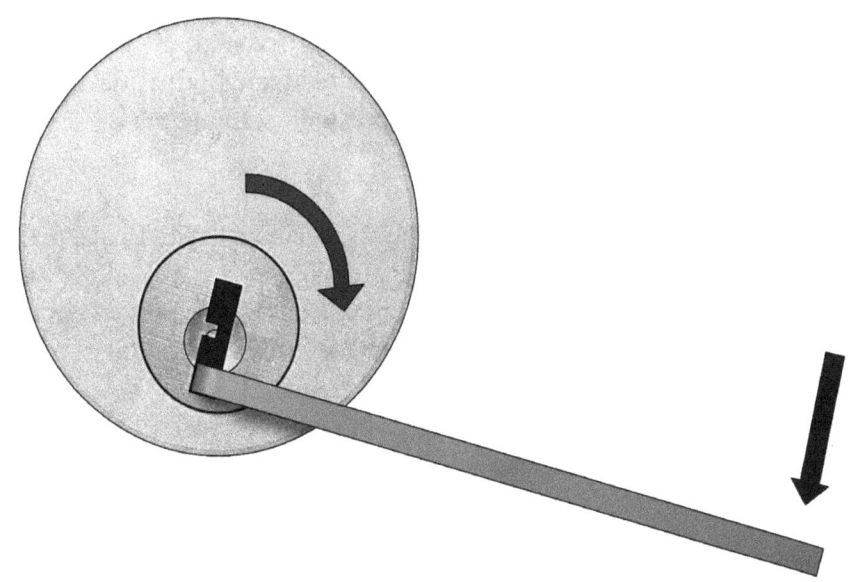

Colocación de la llave de tensión en la bocallave

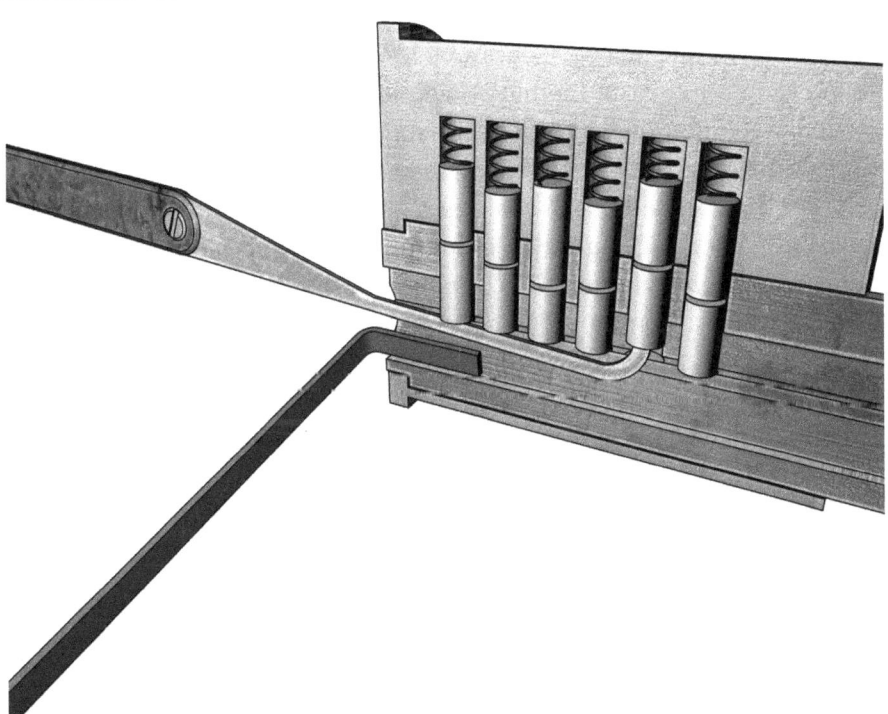

Colocación de la ganzúa y la llave de tensión en la bocallave para ganzuar

Consiga cerraduras de diversas calidades para poder experimentar. También necesita un juego de ganzúas con las cuales trabajar. Si es necesario, incluso puede fabricarlas. La manera más fácil, por lejos, de conseguir ganzúas es comprar un juego en una empresa de suministros de seguridad u otro distribuidor.

Para *falsear* con éxito una cerradura de tambor de pines, todo lo que necesita es una herramienta de tensión y una ganzúa de gancho. Sin embargo, hay muchas otras maneras de abrir una cerradura de tambor de pines. Ganzuar la cerradura es el método estándar y más versátil. Sin embargo, el *rastrillado* suele ser una solución mucho más adecuada que el ganzuado común, ya que es más sencillo y rápido. Para lograr mayor velocidad, también puede utilizar una ganzúa automática. No se olvide de que a menudo se puede eludir la cerradura por completo.

Probablemente haya visto muchas películas en las que un actor falsea una cerradura con cualquier objeto doméstico o incluso con una ganzúa auténtica. En general, el actor utiliza una sola herramienta: la ganzúa. Por eso, la gent cree que una cerradura se puede abrir con una sola herramienta. Pero no suele ser el caso. La mayoría de los métodos de falseo requieren el uso simultáneo de dos herramientas: una para girar el cilindro y otra para ganzuar los pernos. La herramienta que aplica la fuerza de rotación se llama *llave de tensión*. Puede usar cualquier objeto que pueda ser insertado en la bocallave para hacer girar el cilindro. La segunda herramienta, por lo general, es una *ganzúa* o un *rastrillo* que se usa para manipular los pernos. En una cerradura común de tambor de pines sería difícil manipular los pernos y a la vez girar el cilindro con una sola herramienta.

Las cerraduras exteriores expuestas a la intemperie pueden ensuciarse mucho. En zonas con mucha grasa y suciedad, el cilindro de la cerradura estará sucio y atascado. Esto puede dificultar mucho la apertura de la cerradura. Es posible que le resulte útil limpiar la cerradura antes de intentar abrirla. La bencina o el limpiador para electrónica en aerosol pueden servir para este fin. También ayudarán al funcionamiento normal de la cerradura.

Cómo rastrillarlas

El rastrillado es mucho más fácil de aprender que el ganzuado. Pero aunque se aprende con facilidad, es difícil de dominar. El rastrillado requiere que el cerrajero tenga el "tacto" justo. Esto es algo que solo se puede aprender con práctica, práctica y más práctica. La ventaja del rastrillado es que puede ser uno de los métodos manuales más rápidos. Además, funciona tanto en las cerraduras de tambor de pines como en las de cilindro de discos, que se analizarán en un capítulo posterior.

La idea es tomar simplemente una ganzúa para rastrillado y pasarla repetidamente a través de todos los pernos de tal manera que se abra la cerradura. A pesar de que esto suena demasiado simple, puede funcionar si se hace de manera adecuada.

Primero, coloque una herramienta de tensión en la parte inferior de la bocallave. Asegúrese de que haya mucho lugar para maniobrar la ganzúa alrededor de los pernos. Luego aplique una fuerza **moderada** de rotación sobre la herramienta de tensión en la dirección en que giraría una llave para abrir la cerradura. Es crucial que aplique la cantidad de fuerza adecuada. En general, la fuerza aplicada es mucho menor de lo que se imagina. La fuerza utilizada para empujar los pernos hacia arriba puede ser mucho mayor que la que se utiliza en la herramienta de tensión. Suele ser necesario solo un poco de fuerza. La gente tiende a aplicar cada vez más fuerza, a medida que se frustra. Esto solo conduce a una mayor frustración. Haga una pausa. Deje que decante lo que aprendió e inténtelo de nuevo cuando haya descansado. Trate de dedicarle unos 15 minutos por vez. Luego concéntrese en lo que sintió y compárelo con lo que esperaba sentir. Es importante que logre una buena percepción de la cerradura. Comprenda su personalidad y cómo reacciona frente las acciones. Recuerde, tómese tiempo y entre en sincronía con la cerradura. No intente apresurar el proceso.

Ahora, mientras aplica esta fuerza leve sobre la herramienta de tensión, introduzca la ganzúa de rastrillado hasta el fondo del canal de la llave. Aplique una fuerza moderada hacia arriba en el último perno. Luego, retire el rastrillo mientras continúa aplicando una fuerza leve y constante sobre todos los pernos. Trate de mantener la fuerza constante sobre todos los pernos, a pesar de que su posición pueda haber cambiado y de que la sensación que reciba de cada perno sea diferente. Asegúrese de pasar por todos los pernos; no se saltee ninguno, en especial el primero.

Seguramente su primera pasada no será exitosa, por eso debe repetirla varias veces. Con cada pasada del rastrillo, aumente ligeramente la intensidad de la fuerza sobre la herramienta de tensión. Recuerde, aún así no debe girar con demasiada fuerza. Después de haber recorrido hacia atrás y hacia adelante un buen número de veces, puede probar con otro tipo de rastrillo. Después de un tiempo sin tener éxito, puede ser necesario liberar toda la presión sobre la herramienta de tensión para dejar caer todos los pernos. Si uno de los contrapernos está demasiado arriba y el perno inferior está trabado, puede ser mejor empezar todo de nuevo.

Muchas personas sostienen la ganzúa como si fuera un bolígrafo. Se sienten cómodos así y pueden controlar con facilidad la ubicación del extremo de la ganzúa y la intensidad de la fuerza aplicada. Sin embargo, con algunas técnicas de rastrillado es útil otra forma de agarre. Intente sostener el rastrillo por su centro de gravedad con solo dos dedos. Actúan como un punto de pivote. Puede usar sus otros dedos para limitar el movimiento de giro hacia arriba y hacia abajo que se le permite al rastrillo. Para tener mayor control sobre la fuerza que se aplica con el rastrillo, use un dedo para empujar hacia abajo la parte de atrás del mango. Así empujará la punta del rastrillo hacia arriba y hacia los pernos. Ahora puede controlar el movimiento hacia atrás y hacia adelante con dos dedos y la fuerza aplicada con un tercero.

En algunas cerraduras es preferible un golpe suave y rápido que empuje los pernos a su lugar. Si sostiene el centro del rastrillo con dos dedos, puede controlar cuánto se mueve hacia adentro y hacia afuera y también hacerlo vibrar hacia arriba y hacia abajo. Mueva rápidamente el rastrillo hacia adelante y hacia atrás dentro del canal de la llave. O bien, cuando el rastrillo esté dentro del canal de la llave, comience a hacer movimientos hacia arriba y hacia abajo. Hágalo rápido y con energía, pero no demasiado bruscamente. Varíe la fuerza que aplica sobre los pernos y la herramienta de tensión. Esto les da a los pernos la posibilidad de colocarse. Intente que los pernos no se queden atascados muy arriba. Notará que el movimiento vertical de los pernos es menor que el movimiento vertical que le aplica al rastrillo. Trate de imitar a un colibrí con un toque suave a alta velocidad. Sostenga el rastrillo sin apretarlo, mientras lo acelera hacia arriba y hacia abajo. Verá que las cerraduras más baratas son especialmente susceptibles a este estilo de rastrillado. Tenga presente que este método rápido no funciona muy bien con cerraduras de buena calidad.

Hay diferentes rastrillos y estilos de rastrillado que funcionan mejor para los distintos tipos de cerraduras. La experiencia y la práctica le mostrarán cuáles trabajan mejor. Las cerraduras que tienen todos los pernos de largo similar serán más fáciles de rastrillar. Algunas cerraduras resultan inquebrantables al rastrillado. Tendrá que ganzuar estas cerraduras o utilizar una combinación de rastrillado y ganzuado. Consiga diferentes cerraduras para su colección, para llegar a sentirse cómodo con una variedad de cerraduras y técnicas.

Cómo ganzuarlas

El *ganzuado* es una técnica en la que se intenta *colocar* cada uno de los pernos en forma individual. Este método se puede usar en cerraduras de tambor de pines y de cilindro de discos. Debe saber más acerca del funcionamiento interno de la cerradura para ganzuarla, pero ese conocimiento le ayudará enormemente cuando más adelante intente otros métodos. El objetivo, al ganzuar, es liberar la línea de corte y asegurarse de que no queden pernos obstruyéndola.

El concepto

Si las cerraduras estuviesen perfectamente fabricadas sería imposible ganzuar cada perno por separado. Pero en el mundo real las cerraduras tienen varias imperfecciones y están construidas con un cierto conjunto de tolerancias de fabricación. Cuanto mayor sea la calidad de la cerradura, tendrá menos tolerancias y será más difícil de ganzuar. Numerosas piezas de metal deben desplazarse, girar y moverse muy próximas entre sí. Por esta razón, debe haber pequeñas separaciones que permitan estos movimientos. Es importante recordar que esto es lo que hace posible el ganzuado.

El primer aspecto que vamos a considerar es un efecto importante llamado *trabazón*.

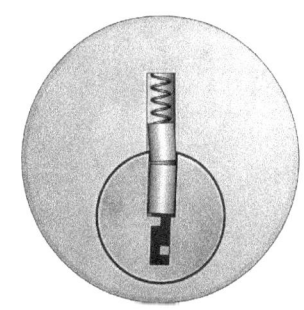

Contraperno trabado

La trabazón se produce al aplicar una fuerza de rotación sobre el cilindro, cuando se intenta hacer girar el cilindro con una herramienta de tensión. El cilindro y el tambor enganchan el contraperno y lo mantienen en el lugar. El tambor permanece fijo en su lugar. Cuando se hace girar el cilindro, el tambor y el cilindro sujetan el perno. La posibilidad de ganzuar los pernos por separado tiene lugar cuando las cerraduras están fabricadas con pequeñas imperfecciones, a veces apenas de 0,00051 cm. Los agujeros perforados para las columnas de pernos no están perfectamente alineados sobre una paralela al eje de revolución del cilindro. Por esta razón, cuando se hace girar el cilindro, inicialmente solo se traba uno o unos pocos pernos. Los demás siguen sueltos y pueden moverse libremente hacia arriba y hacia abajo. Cada cerradura está construida con sus propias características y tiene su propio orden en el que se colocan los pernos. Recuerde, el orden en el que los pernos se colocan se invierte según la dirección en la que se quiera hacer girar el cilindro. También tenga presente que el metal tiene cierta elasticidad. Si gira la herramienta de tensión con demasiada fuerza, los pernos "cederán" un poco y se trabarán varios. Para evitar esta situación, asegúrese de no aplicar demasiada fuerza sobre la herramienta de tensión.

Primero, use una ganzúa para determinar cuál es el perno más trabado o sujeto en su lugar. Luego puede usar la ganzúa para empujar ese perno hacia arriba. A medida que empuje el perno inferior, éste a su vez empujará el contraperno, hasta llegar al punto en el que el contraperno esté completamente dentro del tambor, más allá de la línea de corte. El cilindro, que antes hacía tope con el contraperno, de pronto tiene el camino libre para rotar. Como usted sigue aplicando una fuerza de rotación, el cilindro comienza a girar y continúa hasta que choca contra el siguiente contraperno y se detiene. A consecuencia de esta rotación, el agujero del cilindro y el agujero en el tambor del primer perno ya no están exactamente alineados. El resorte puede empujar el contraperno cuanto quiera, pero éste se encontrará con el borde el cilindro

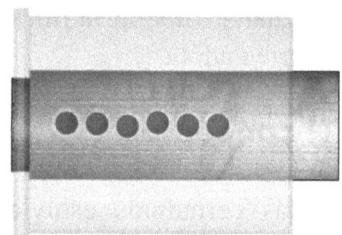

Falta de alineación de las columnas de pernos

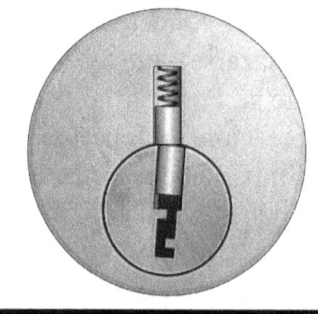

Perno colocado

y se mantendrá alojado en el tambor. Está atrapado. Cuando esto sucede se dice que el perno está *colocado*. Ni el contraperno ni el perno inferior obstruyen la línea de corte. Este es nuestro objetivo.

Luego, simplemente, repita el proceso con los demás pernos. Cuando haya colocado el último perno, el cilindro podrá girar libremente y usted habrá abierto la cerradura. ¡Felicitaciones!

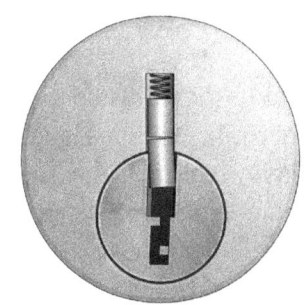

Perno inferior trabado

Cuando esté empujando los pernos hacia arriba, debe estar bien sintonizado para percibir el punto justo en el que se colocan. Asegúrese de detenerse después de colocar el contraperno. Si continúa aplicando presión hacia arriba sobre el perno y lo sigue empujando, puede forzar el perno inferior también hacia adentro del tambor. La fuerza de rotación entonces trabará al perno inferior en lugar del contraperno. Quedarán los dos atascados en el tambor y el perno inferior impedirá la rotación del cilindro. Se dará cuenta de que esto sucedió cuando retire la ganzúa y el perno no caiga. Esto es malo, además, porque el perno inferior bloquea la línea de corte e impide que los demás pernos se trabe adecuadamente, lo cual también impide que la cerradura se abra.

Habrá colocado correctamente el contraperno, si al retirar la ganzúa el perno inferior cae libremente sin ser empujado por el resorte. En este momento debe trabarse otro contraperno y todo el proceso se puede repetir. Si coloca primero los pernos de la parte delantera de la cerradura y los pernos inferiores son largos, éstos serán un obstáculo para que la ganzúa pueda trabajar detrás de ellos. Si hay un perno corto entre dos largos, también puede ser un problema. Una buena ganzúa de gancho está diseñada para hacer una curva en torno a estos obstáculos y permitirle manipular los pernos que desee, evitando los demás.

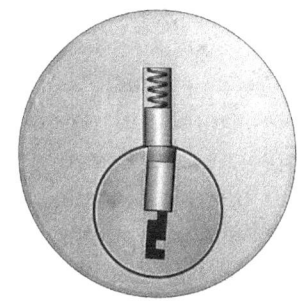

Perno inferior cae libre

Ahora usted

Ahora le toca a usted comenzar a ganzuar cerraduras de tambor de pines. Primero, inserte una ganzúa y una herramienta de tensión en el canal de la llave. Aplique una fuerza de giro **moderada** sobre la herramienta de tensión. Nuevamente ponemos énfasis en la palabra "moderada". Si se traban demasiado pernos, se atasca la cerradura. Si los pernos que se traban son muy difíciles de empujar hacia arriba, la presión de giro también es excesiva. Cuando se canse y se frustre, es probable que comience a hacer más fuerza. Si esto sucede, haga una pausa y descanse. Las cerraduras mejor fabricadas y aquellas construidas con tolerancias menores, requieren el uso de mayor torque. Los candados y los pomos de las puertas deben hacer girar un pestillo accionado por resorte, por eso requieren mayor fuerza de rotación. La experiencia le dirá cuánta debe aplicar. Cuando ganzúe candados, debe tener la destreza adicional para sostener el candado en la misma mano que usa para girar la herramienta de tensión. Con la práctica aprenderá cuál es el método más apropiado para usted. Pruebe diferentes métodos. Recuerde, no siempre se trata de una ciencia exacta.

Mientras aplica la presión de giro moderada, use la ganzúa para palpar los pernos. No use la vista. Sólo pálpelos. Al saber cómo se comportan en diferentes situaciones, podrá crear un mapa mental interno del aspecto de la cerradura y del estado de todos los pernos. Acuérdese de visualizar. Es crucial aprender esta habilidad. De la misma manera que muchos atletas tratan de visualizar su desempeño antes de un juego, debe visualizarse usted mismo y cómo va a ganzuar la cerradura antes de intentarlo.

Luego intente determinar cuál es el perno más trabado. A continuación ubique la ganzúa directamente debajo de él y use la punta de la ganzúa para hacer contacto con la parte inferior del perno. Aplique un poco de fuerza, empuje el perno hacia arriba intentando empujar el contraperno completamente dentro de la cámara superior de la cerradura. Asegúrese de no interferir demasiado con los demás pernos durante este proceso. Hay diversos tamaños de ganzúas de gancho, algunos son mejores para las cerraduras de diferentes formas. Además, puede utilizar otros tipos de ganzúas o rastrillos con los que se maneje bien. Recuerde, la única regla es usar lo que funciona.

Cerraduras de tambor de pines   Cómo ganzuarlas

El perno está colocado cuando el contraperno libera completamente la línea de corte e ingresa al tambor. A esto también se le llama *romper* el perno. Cuando esto suceda, escuchará y palpará un pequeño clic. Cuando sus sentidos estén sintonizados con esto, será un evento trascendente. Percibirá que el perno responde de manera diferente. Primero es necesario luchar con el contraperno trabado y el resorte empujando hacia abajo. Por un momento breve solo se opone la resistencia del resorte. Luego habrá una gran resistencia cuando el borde el perno inferior choque contra el borde del agujero del tambor. Debe acostumbrarse a percibir esto. También percibirá el clic en la mano que sostiene la herramienta de tensión. La herramienta de tensión cederá y el cilindro girará apenas; luego se detendrá. A pesar de que podrá percibirlo, probablemente no podrá verlo. Trate a las herramientas como extensiones de su cuerpo. No confíe en sus ojos; use sus otros sentidos para percibir la cerradura.

Después que haya roto el perno, baje la ganzúa y asegúrese de que el perno inferior cae libremente. Si permanece arriba ha empujado demasiado el perno. Puede elegir entre liberar algo de tensión de la herramienta para dejarlo caer o empezar de nuevo. Si el resorte empuja el perno hacia abajo, es que no lo ha colocado. Quizás no es el perno más trabado, no empujó lo suficiente hacia arriba o no aplicó suficiente fuerza a la herramienta de tensión.

El próximo paso es continuar con el perno siguiente. Palpe los pernos restantes que no se han colocado y trate de determinar cuál es el siguiente más trabado. Este es su nuevo objetivo. Repita los pasos anteriores con ese perno. Si coloca un contraperno y se caen todos los demás o si no es capaz de colocar más contrapernos, es posible que los haya colocado en orden incorrecto. Libere la cerradura retirando la presión sobre la herramienta de tensión y comience otra vez.

Cuando se coloca el último perno, la línea de corte queda libre de obstrucciones y el cilindro puede girar. ¡La cerradura está abierta! La mecánica concreta detrás de cada cerradura para destrabarla, liberarla o abrirla varía más drásticamente que las cerraduras mismas. Los candados en general tienen que mover un pestillo accionado por resorte para liberar el arco. Esto significa que es necesario aplicar un poco más de fuerza de rotación. También significa que cuando se abra el candado saltará un poco. Esto puede provocar una sensación muy satisfactoria.

Todas las cerraduras son diferentes y los agujeros están descentrados en diferente orden, por eso los pernos de cada cerradura se colocan en diferente orden. Esto se debe por completo a las tolerancias con las que están fabricadas. Cuanto más barata sea la cerradura, más agujeros estarán fuera de eje y será más fácil colocar los pernos.

Recuerde siempre de regresar la cerradura a una posición cerrada o abierta. Si la deja en una posición intermedia es posible que la llave no se pueda insertar en la bocallave. Esto es porque los pernos no pueden *flotar* o moverse hacia adentro del tambor y salir del camino de la llave que entra. Es el mismo concepto que le impide sacar la llave mientras está en una posición intermedia. También es sencillo regresar el cilindro a una posición cerrada o abierta. Mientras está en una posición intermedia, el cilindro gira libremente. Asegúrese de que los contrapernos no se atasquen en el canal de la llave si da vuelta el cilindro completamente.

Método alternativo

Existe un método alternativo de ganzuado para cuando quiera pensar menos y acelerar un poco las cosas. Comience en la parte de atrás de la cerradura y trate de ganzuar el último perno. Si no se coloca siga con el próximo. Recorra cada perno y trate de colocarlos todos de atrás hacia adelante. En realidad, es probable que solo se coloquen uno o dos. Simplemente vuelva al fondo de la cerradura y comience otra vez con los pernos sin colocar. En cada pasada se colocarán uno o dos pernos. Finalmente, todos los pernos quedan colocados y la cerradura se abre. La ventaja de este método es que no tiene que prestarle demasiada atención a cada perno en particular. Es una buena idea aumentar ligeramente el torque aplicado después de cada pasada sobre los pernos. Este método se utiliza por velocidad, pero es posible que no funcione bien con las cerraduras de alta seguridad que tienen pernos modificados para colocarse en falso.

Conclusión

Tenga presente, además, que la reacción de los pernos será diferente si la cerradura está "dada vuelta", o sea, los pernos están en la parte de abajo del canal de la llave en vez de arriba. La principal diferencia es que los pernos que están colocados permanecen abajo en lugar de caer nuevamente hacia el canal de la llave. Algunas personas lo encuentran más fácil de manejar. Solo los pernos que no se han colocado permanecen en el canal de la llave. Si está ganzuando un candado, debe ocuparse además de sostener la propia cerradura. Puede sostener el candado de la manera que quiera; pronto encontrará la forma que le quede cómoda. Intente sostener la cerradura y la llave de tensión en la misma mano. Algunas cerraduras también tienen pernos en los lados o en la cara inferior del canal de la llave. El concepto general del ganzuado es el mismo. Solo deberá adaptarse a las nuevas ubicaciones de los pernos.

El conocimiento que adquirió leyendo este material hasta aquí es ampliamente suficiente para ganzuar casi cualquier cerradura común de tambor de pines. Hay otros aspectos importantes que es útil conocer: llaves maestras, variaciones de tamaño del cilindro, biselado, pernos espaciadores, colocación en falso, pernos modificados, levas angulares, giradores de cilindros y pernos de hongo; algunos de ellos son conceptos que serán cubiertos en el capítulo avanzado sobre cerraduras de tambor de pines. Pero no se apure a aprender estos conceptos. Primero, haga una pausa y asimile el material que acaba de aprender. No trate de aprender todo a la vez. Asegúrese de que se siente cómodo al ganzuar una gran variedad de cerraduras.

Es importante que comprenda claramente lo que está haciendo para poder hacerlo otra vez. Más adelante, cuando avance a las cerraduras de mayor seguridad, probablemente deba refinar algo de lo que está acostumbrado a hacer. Al principio es mejor no abrumarse. Comience con una cerradura muy barata. Las cerraduras baratas suelen estar hechas con tolerancias amplias y son mucho más fáciles de ganzuar. Cuando esté listo, avance a cerraduras progresivamente más difíciles. La práctica en una gran variedad de cerraduras le dará una gama más amplia de experiencias, que le permitirá adaptarse e cerraduras nuevas y extrañas mucho más rápido.

Ejercicios

Es muy importante entender cómo responde la cerradura. Cuando intente abrir una cerradura por primera vez, los pernos actuarán por su cuenta y es posible que la cerradura se abra aún cuando no llegue a distinguir el momento en el que se colocan algunos contrapernos. O bien, es posible que no perciba con exactitud cuando empuja los pernos hacia el tambor. Para lograr la percepción correcta para saber qué hacen los pernos; puede probar con estos ejercicios.

Primero consiga o compre una cerradura de práctica. Se pueden comprar en casi todas las ferreterías o cerrajerías. Si quiere practicar con un tambor de pines, asegúrese de conseguir un tambor de pines. Cuando recién está aprendiendo, verifique que sea relativamente fácil de ganzuar. En general se puede usar el precio como guía de la dificultad. Las cerraduras de menor precio son mucho más fáciles de ganzuar. Las cerraduras diseñadas para cerrojos son una buena opción a los fines de este ejercicio. No dude en utilizar una cerradura más difícil para practicar más adelante o para comparar.

Ahora, abra la cerradura y retire el cilindro. Sea cuidadoso cuando hace esto porque los resortes y los pernos pueden saltar. Un *extractor de cilindro* le será útil. Un extractor de cilindro es una herramienta que puede utilizar para empujar el cilindro fuera de la cerradura. Debe ser de un tamaño similar al del cilindro para que pueda mantener los contrapernos seguros en el tambor exterior. Para este propósito se suelen utilizar improvisados vástagos de madera en espiga o bolígrafos gruesos. Un truco que puede hacer es cortar una tira de plástico de una botella de dos litros y formar un rollo apretado. A medida que lo empuja dentro de la cerradura en lugar del cilindro, se puede expandir hasta llenar el agujero y mantener a los contrapernos en su lugar. Por ser transparente, también le da la posibilidad de ver mejor cómo se ven los pernos y los agujeros, mientras está aprendiendo.

La llave sólo hace funcionar la cerradura si los pernos inferiores están en el orden correcto. Si quiere volver a utilizar la llave en el futuro, asegúrese de tomar nota del orden de los pernos. Pero claro, ¿para qué necesita la llave? En este punto, vuelva a armar la cerradura, pero con un solo perno. Retire los contrapernos y los resortes de las demás columnas de pernos. Ahora debería ser muy fácil falsear esta cerradura. Empuje hacia arriba sobre

Cerraduras de tambor de pines Ejercicios

el único perno con una ganzúa de gancho, mientras aplica una fuerza de rotación con la herramienta de tensión. Cuando alcance el punto de quiebre, el cilindro girará. Perciba como se traba el perno y el cilindro se mantiene en el lugar. Perciba también como puede casi sentir el momento en el que el cilindro va a girar, una fracción de segundo antes de que lo haga.

Vuelva a desarmar la cerradura. Ahora ármela de nuevo, pero esta vez con dos pernos. Mientras aplica una pequeña cantidad de fuerza de rotación, empuje primero el perno de adelante, luego el de atrás. Fíjese cómo uno de ellos se traba y el otro está ligero. Si los dos están trabados, sabrá que está aplicando demasiada fuerza. Esta es una lección muy valiosa.

Ahora que sabe cómo determinar cuál es el perno trabado, empújelo hacia arriba hasta que perciba que se "colocó". Familiarícese con esta percepción. Coloque el contraperno, libérelo y luego vuélvalo a colocar algunas veces. Esta es la respuesta que debe tratar de detectar cuando ganzúa cerraduras. Después que lo haya colocado, fíjese cómo cae el perno inferior. Perciba cómo el perno está suelto dentro de la columna de pernos y no está trabado ni presionado hacia abajo por el resorte. Ahora, coloque el contraperno y siga empujando hacia arriba. Habrá una resistencia importante y luego el perno inferior comenzará a entrar en el tambor. Cuando esto ocurra, el perno inferior se trabará y la resistencia del perno será igual a la que percibió cuando estaba trabado el contraperno. Por este motivo es tan importante que se familiarice con la sensación de la colocación del contraperno. Si no la percibe, es posible que siga presionando hacia arriba y el perno se trabará y quedará atascado en el tambor. Se dará cuenta de que esto ha sucedido cuando retire la ganzúa y el perno permanezca arriba en el tambor. No cae libremente ni es empujado hacia abajo por el resorte. Experimente con esto por un tiempo hasta familiarizarse.

Coloque el contraperno que está trabado y asegúrese de que el perno inferior caiga. Mueva la ganzúa al segundo perno y fíjese que ahora está trabado. Compare esta sensación con lo ligero que estaba antes. Debe ser capaz de empujar el segundo perno; tan pronto como llegue al punto de quiebre, el cilindro girará. El último perno es siempre el más divertido.

Repita este proceso agregando los pernos de a uno dentro de la cerradura en forma progresiva, hasta que pueda ganzuar cómodamente la cerradura con todos los pernos. No dude en intercalar esto con cerraduras más difíciles que haya conseguido. Asegúrese también de interrumpir este ejercicio con pausas frecuentes. Cuando algo funcione bien, deténgase y concéntrese en lo que hizo para hacerlo funcionar. Centre su atención en eso e intente repetirlo una vez más. Con el tiempo, se sentirá cómodo con más tipos de cerraduras.

Para facilitar las cosas, use su *extractor de cilindro*. Es una herramienta valiosa para los cerrajeros. En lugar de desarmar la cerradura en una bolsa o una caja para contener los resortes que se vuelan, simplemente abra la cerradura, coloque el extractor de cilindro en la cara del cilindro y empuje. El extractor de cilindro tiene exactamente el mismo diámetro del cilindro y mantiene los contrapernos y los resortes en el tambor. El cilindro solo tiene dentro los pernos inferiores, que se pueden mover para *cambiar la combinación* de la cerradura. Cuando haya terminado de cambiar la combinación, tome el cilindro y empuje el extractor de cilindro hacia afuera con él. Al hacer esto, los contrapernos y los resortes nunca salen de la cerradura y no tienen oportunidad de perderse. Para realizar estos ejercicios, sin embargo, deberá retirar los contrapernos y los resortes. Trate de no perder estas piezas pequeñas.

Extractor de cilindros

Cuando practique con cerraduras de tambor de pines, a menudo le resultará útil retirar algunos pernos de las columnas para hacerlas más fáciles de ganzuar mientras aprende. O para seguir los ejercicios de este libro. O, tal vez, solo para ver por sí mismo el aspecto de los pernos. Algunas veces los contrapernos y los resortes se insertan desde la parte superior de la cerradura, que luego se cubre con una tira de metal. En otras ocasiones puede ser más sencillo retirar el cilindro para ver qué hay dentro de la cerradura. Si quiere ver con facilidad el interior de la cerradura, sin dañarla ni perder las piezas pequeñas, debe seguir unos pasos sencillos. Es crucial tener un extractor de cilindros para realizar esta tarea. Si empuja el cilindro hacia afuera del tambor, sin tomar precauciones, los contrapernos pueden caer en el vacío que deja el cilindro y los resortes pueden volar por todas partes o quedar atascados saliendo del tambor. Es necesario empujar el cilindro con otro objeto que mantenga los contrapernos y los resortes dentro del tambor. Un objeto que podría funcionar bien sería un cilindro de vidrio del mismo

Cerraduras de tambor de pines Extractor de cilindros

tamaño del cilindro de la cerradura. Así se mantendrían los contrapernos y los resortes en su lugar y permitiría ver el interior de la cerradura. Sin embargo, obtener tal cilindro solo para poder ver un tamaño de cerradura puede ser un pérdida de tiempo y de dinero. Un vástago en espiga también puede funcionar, pero no se puede ver a través de él, y también debería coincidir con una cerradura específica. En cambio, puede crear un extractor de cilindros versátil con una botella de dos litros de refresco y una tijera. Simplemente debe cortar un rectángulo de plástico del costado de una botella transparente de refresco.

Luego enrolle el rectángulo formando un cilindro que coincida con la forma del cilindro de la cerradura. El cilindro de plástico tendrá tendencia a desenrollarse, y eso es bueno. Una vez que el cilindro esté dentro del tambor, se desenrollará hasta coincidir exactamente con el tamaño del cilindro de la cerradura. Puede usar un trozo de cinta adhesiva para mantener el cilindro enrollado antes de comenzar a empujar el cilindro de la cerradura con él. Esté preparado para retirar la cinta cuando el cilindro de plástico se haya insertado en el tambor.

Extractor de cilindro de plástico

Antes de poder retirar el cilindro de la cerradura hacia afuera del tambor, es posible que deba prepararlo. Primero, falsee la cerradura o inserte la llave en el cilindro para que todos los pernos estén alineados con la línea de corte. Ninguno de los pernos mantendrá al cilindro en su lugar, pero generalmente hay otras piezas mecánicas que impiden que extraiga el cilindro tirando con la llave. Mire la parte de atrás del cilindro. Puede haber una pieza pequeña de metal acoplada a él que impide que se deslice hacia afuera del tambor. Frecuentemente se puede retirar este retén metálico destornillándolo o con la ayuda de unas pinzas. Asegúrese de no empujar ni tirar del cilindro accidentalmente mientras retira el retén. Alinee el cilindro de plástico enrollado detrás del cilindro de la cerradura y comience a empujar el cilindro de plástico hacia el tambor y, a su vez, el cilindro de la cerradura hacia afuera del tambor.

Cuando el rollo de plástico haya entrado hasta el fondo, de desenrollará y usted podrá ver los contrapernos que presionan sobre el cilindro de plástico.

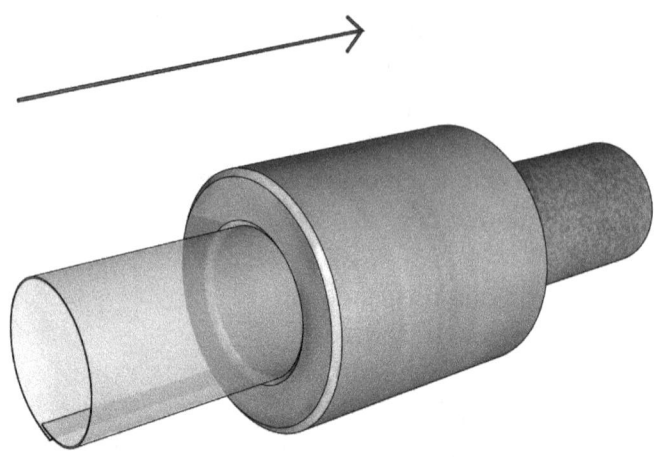

Retiro del cilindro

Asegúrese de que los pernos inferiores no se salgan del cilindro de la cerradura cuando lo haya retirado por completo. Cuando su curiosidad esté satisfecha o haya hecho las modificaciones deseadas, puede simplemente empujar el cilindro otra vez hacia adentro y el rollo de plástico se deslizará hacia afuera. Después de volver a colocar el retén, la cerradura debe funcionar otra vez.

Cómo manipularlas

Algunas veces no es necesario ganzuar la cerradura para abrirla. A veces alcanza con "manipularla". Esto se llama *manipulación* de la cerradura. Exige menos destreza que el verdadero ganzuado, pero requiere que la cerradura lo permita. Este método solo funciona con las cerraduras de baja seguridad que tienen el pestillo expuesto al fondo del canal de la llave. Muchas cerraduras de escritorios, gabinetes y algunos candados son así. El concepto es simple. Inserte la ganzúa recta hasta el fondo de la cerradura e ignore los pernos o los discos por completo. Intente mover el pestillo a mano con la herramienta. El fondo del cilindro puede tener una *pieza de cola* que accione el pestillo o mueva otra pieza para abrir la cerradura. Debe tratar de accionar el pestillo de la misma forma que lo haría la pieza de cola. Es posible que pueda moverlo hacia afuera del arco o de la ranura, para

Cerraduras de tambor de pines — Cómo manipularlas

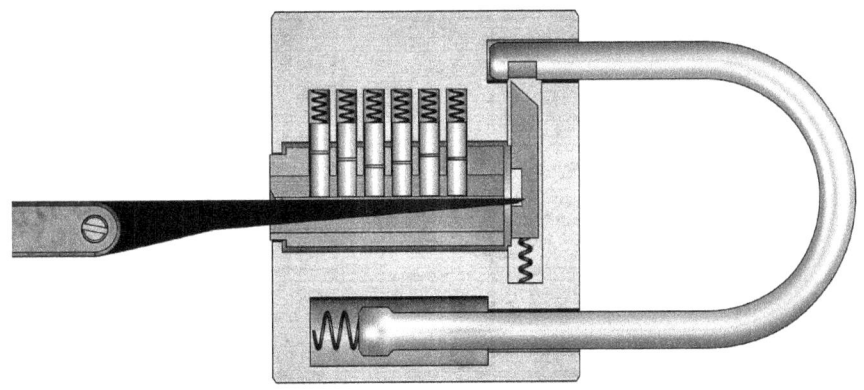

Manipulación de candados

permitir que se abra la cerradura. Es un concepto simple, cuando se tiene la suerte de encontrarse una cerradura en la que esto funciona.

Es posible que sea necesario accionar, mover, estimular o manipular otras piezas para abrir la cerradura. Recuerde, a menudo se puede evitar la cerradura misma por completo. Sea creativo y piense en lo que está tratando de lograr antes de apresurarse y comenzar a ganzuar. Por ejemplo, muchos automóviles pueden abrirse simplemente introduciendo una herramienta hacia abajo por dentro de la puerta a través de la abertura para la ventanilla lateral y levantando una barra de la unidad de bloqueo. Para esto se usa una herramienta llamada "Slim Jim". Un cerrajero o un agente de servicios públicos debe ser muy cuidadoso al realizar esta operación, porque los automóviles modernos contienen una plétora de cables y componentes electrónicos dentro de las puertas. Preste atención para no romper nada. Los modelos más nuevos también contienen guardas que impiden el acceso a los mecanismos de cierre. Cada marca y modelo de automóvil requiere una varilla diferente y de forma particular para poder alcanzar lo que se necesita.

Cuñas para puertas de automóviles

Consulte siempre primero el manual de la marca y modelo de automóvil en particular para determinar el método seguro y adecuado a utilizar.

Cómo utilizar las cuñas

La apertura con *cuñas* es similar a la manipulación, excepto que se está manipulando el pestillo desde afuera de la cerradura y no desde adentro. La idea es insertar algún objeto en el mecanismo de cierre y retirar el pestillo o lo que esté manteniendo el *arco* dentro de la cerradura. No hay un método estándar de apertura con cuñas, ya que los mecanismos varían enormemente. Sin embargo, aquí vemos algunos ejemplos.

Apertura de candado con cuña

La apertura con cuñas puede ser muy efectiva en una gran variedad de candados. Los candados funcionan en general con un prestillo accionado por resorte que calza en una muesca del arco para mantenerlo dentro de la cerradura. Muchas veces el pestillo tiene una parte superior angular que permite que se cierre el arco sin abrir la cerradura. Esto significa que el pestillo tiene que estar accionado por resorte. Por eso, algunas veces, si se puede calzar un objeto muy fino y fuerte dentro de la cerradura paralelamente al arco, es posible deslizar el pestillo para que libere el camino y el arco se abra impulsado por su resorte. Es necesario que el agujero que contiene el arco sea suficientemente grande para permitir que se calce la cuña. Este método también funciona para candados con guardas. El tipo concreto de cerradura es casi irrelevante. Muchos

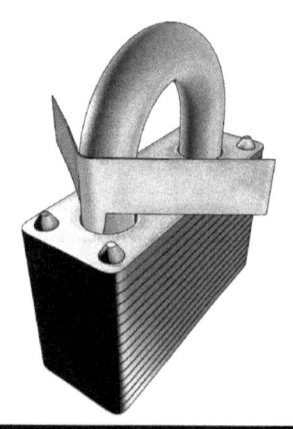

Apertura de candado con cuña

Cerraduras de tambor de pines — Cómo utilizar las cuñas

candados traban ambos lados del pasador, por eso puede ser necesario insertar cuñas de ambos lados simultáneamente.

Con frecuencia se venden cuñas para candados hechas específicamente para ayudar a manipular los candados con menos dificultad. Están hechas de un material fino pero fuerte que se puede insertar en el candado y luego rotar para liberar el pasador. A menudo son cónicas para facilitar el trabajo con ellas.

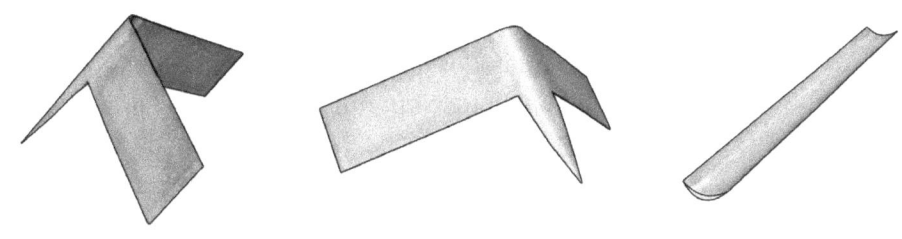

Cuñas para candados

La apertura con cuñas también es muy efectiva en los pomos comunes de las puertas. El *pasador* es la porción del mecanismo del pestillo que sale de la puerta hacia adentro de la jamba y mantiene la puerta cerrada. Un lado del pasador es angular para que la puerta se pueda cerrar sin girar la manija. La puerta se puede cerrar aunque la cerradura del pomo esté cerrada, porque está accionada por resorte. Todo lo que se debe hacer es tomar una herramienta y colocarla en la separación entre la jamba y la puerta. Es posible que haya escuchado acerca del uso de tarjetas de crédito para esto. Trate de no romper su tarjeta de crédito en el intento de usarla para este fin. La mayoría de los pasadores tienen resortes fuertes que exigen una herramienta más fuerte, con diferente forma o de mejor calidad para este propósito. Haga contacto con el pestillo, regréselo al interior de la puerta y la puerta se abrirá. Aunque es difícil, si no puede hacer contacto con el lado angular del pasador, aún puede ser capaz de usar la herramienta para empujar lentamente el pasador de regreso hacia la puerta. Algunas jambas son mejores que otras para bloquear el acceso al pasador de la puerta. Muchos conjuntos de pomos sofisticados utilizados en aplicaciones comerciales no son susceptibles a esto. Tienen partes salientes adicionales que permanecen fuera de la puerta. Este *pasador antiganzúa* se empuja hacia adentro de la puerta cuando se cierra la puerta. El mecanismo luego impide que el pasador principal se retraiga hacia adentro de la puerta sin abrir la cerradura.

La apertura con cuñas funciona siempre que haya un pestillo angular accionado por resorte. Por esta razón, en general, los cerrojos son mucho más convenientes. No pueden ser abiertos con cuñas; por no estar accionados por resorte no se pueden empujar simplemente hacia adentro de la puerta.

Cómo ganzuar por impacto y vibración

Cuando se realizan adecuadamente, el *ganzuado de impacto* y el *ganzuado por vibración* pueden ser de los métodos más rápidos para abrir una cerradura. Estos métodos también son beneficiosos porque no requieren gran pericia. Estos métodos funcionan en la mayoría de las cerraduras de tambor de pines, pero no se recomiendan para las de discos, porque no dan resultado. Los oficiales de policía y otros profesionales que deben abrir cerraduras en casos de emergencia, aplican muchas veces estos métodos cuando el tiempo es crítico. A menudo tienen otros problemas de los que preocuparse y no tienen el tiempo ni la voluntad de aprender el arte de falsear cerraduras. Las herramientas automáticas de falseo son útiles, porque no requieren mucho

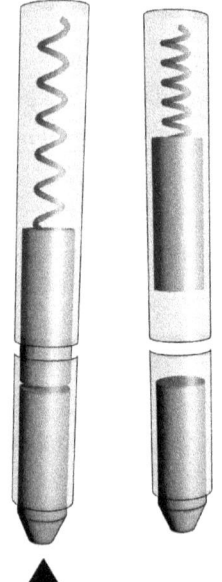

tiempo de práctica. En cambio, es posible elegir la herramienta adecuada y usarla con eficacia después de un poco de experimentación. La experiencia sigue siendo muy importante para lograr el toque justo. Estos métodos también requieren que la cerradura sea apta para este tipo de manipulación.

En realidad hay dos métodos que puede utilizar. El primer concepto es simple. Una herramienta con un rastrillo que oscila con rapidez sobre los pernos. Este movimiento hace vibrar a los pernos con violencia hacia arriba y hacia abajo con la esperanza de que en algún momento la línea de corte se libere y el cilindro pueda girar. Se debe aplicar una cantidad adecuada de fuerza de rotación mientras los pernos vibran para sujetarlos cuando se colocan. Este sistema de falseo actúa como extensión del método de rastrillado manual de alta velocidad. Un sistema mecánico se mueve más

Cerraduras de tambor de pines Impacto y vibración

rápido y es más predecible. Esto lo hace más útil en algunas situaciones, a pesar de que es menos adaptable a diferentes cerraduras.

El segundo método consiste en usar movimiento de impacto. Una herramienta plana se acelera contra los pernos y los golpea en forma simultánea. El principio físico es similar al de las bolas de billar o al de los juguetes de escritorio en los que se balancea una bolita y le pega a una segunda. El impulso de la primera bola es completamente absorbido y transmitido a la segunda, que continúa el movimiento a la misma velocidad y deja a la primera bola en el lugar. Esto es lo que intenta hacer el impacto. Impacta las puntas de los pernos inferiores con la fuerza justa para que golpeen a los contrapernos y los coloquen en el tambor. Los pernos inferiores permanecen abajo porque transfirieron toda la energía a los contrapernos.

En realidad no es necesario que conozca toda esta teoría para usar con eficacia un herramienta de vibración o de impacto. Solo colóquela en el canal de la llave, presione el gatillo y gire su herramienta de tensión al mismo tiempo. Debe asegurarse de hacer contacto con cada uno de los pernos. Cuando utilice una herramienta de impacto, asegúrese de impactar directo en el centro de cada uno de los pernos y al mismo tiempo. Esto significa que la hoja debe estar exactamente paralela al canal de la llave. Algunas herramientas tienen las hojas en ángulo para permitir sostener la herramienta por un ángulo si el espacio es apretado. Esto requiere un poco más de práctica para asegurar que la hoja esté siempre paralela y golpee todos

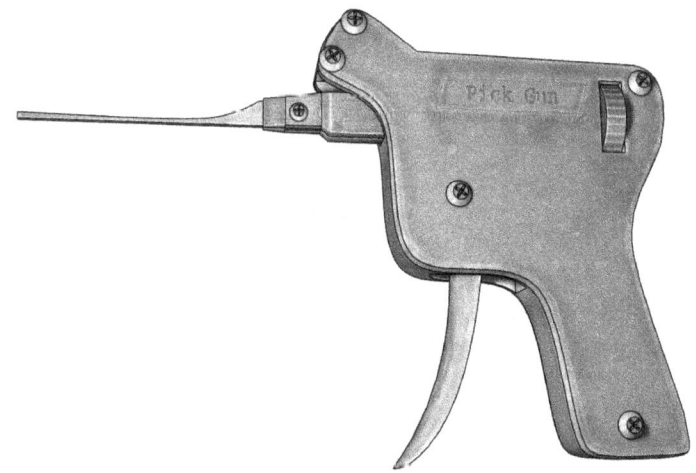

Pistola de ganzuar

los pernos simultáneamente. Las diferentes cerraduras requieren distintas cantidades de fuerza para que los pernos reboten adecuadamente. Las cerraduras también deben estar en buenas condiciones de funcionamiento. Si la cerradura está sucia, los pernos no podrán rebotar libremente dentro de sus cámaras.

Es necesario tener una adecuada *pistola de ganzuar*. Es una herramienta que se sostiene en una mano y que generalmente tiene una palanca o gatillo que se aprieta con los dedos para generar el movimiento vibratorio. Algunas se deben apretar y luego liberar para generar la acción de impacto. Recuerde, con estos dispositivos también es necesario utilizar la llave de tensión. Introduzca la pistola de ganzuar hasta el fondo del canal de la llave, inserte la llave de tensión, aplique un esfuerzo de rotación sobre la llave de tensión y apriete el gatillo. No mueva la pistola en sentido vertical ni lateral durante el ganzuado. A medida que la ganzúa golpea los pernos y los impulsa hacia arriba, use la herramienta de tensión para hacer que el cilindro atrape los contrapernos cuando saltan hacia el tambor. La mayoría de las pistolas de ganzuar de calidad permiten ajustar la fuerza de la acción de impacto para adaptarse a diferentes tipos de cerraduras.

Las *ganzúas mecánicas* son relativamente fáciles de construir a partir de un alambre con la firmeza adecuada. Si se siente creativo o está desesperado, son posibles las versiones ad-hoc. Se pueden hacer a partir de perchas para abrigos modificadas, pinzas de tender ropa u otro elemento que tenga una acción de resorte o vibratoria. Use la imaginación

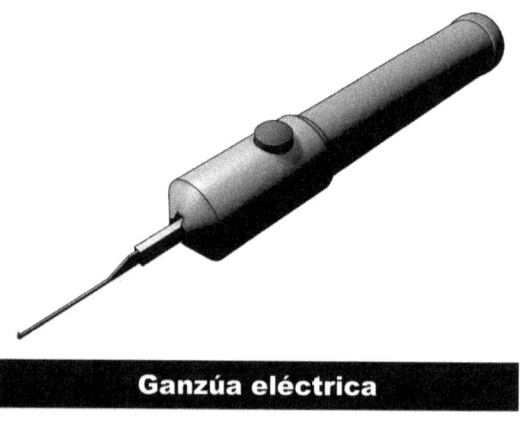

Ganzúa eléctrica

para hacer su nueva ganzúa automática o cómprela en la tienda. Algunas harán vibrar los pernos mientras que otras intentarán impactar sobre todos los pernos simultáneamente. También hay modernas herramientas vibratorias eléctricas alimentadas a pila. Sin embargo, a menudo se piensa que las herramientas eléctricas son un poco menos eficaces y más aparatosas. Esto depende de su estilo personal y de su habilidad.

Incluso se puede utilizar una llave en bruto cortada lo más profundo posible excepto por pequeñas crestas o rampas dejadas en su cuerpo. Este tipo de llave se suele llamar *llave 999, llave de impacto, llave de golpeo* o *llave de percusión*.

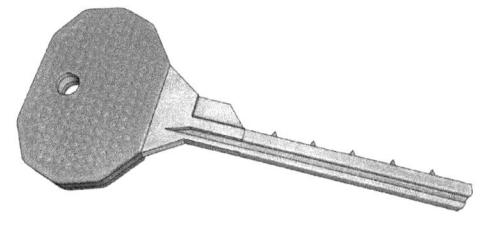

Llave de percusión

La llave se coloca en la cerradura de modo que cada cresta toque uno de los pernos. La llave se inserta luego hasta el final de la cerradura con fuerza y de forma rápida. La llave debe hacerse girar en cuanto esté completamente adentro. Esto se debe hacer lo suficientemente rápido como para que los contrapernos no tengan oportunidad de volver a bajar impulsados por el resorte. Se suele utilizar una maza, un destornillador u otra herramienta para golpear la llave hasta el fondo. Esta acción, con un poco de suerte, impulsa a todos los pernos hacia arriba y a la línea de corte. Otra vez es importante que todas las rampas impacten sobre los pernos al mismo tiempo.

Desafortunadamente, si la cerradura no es susceptible de ser falseada por vibración o impacto, no tiene suerte, deberá recurrir a uno de los otros métodos ya descritos en este libro. Sin embargo, algunas veces el falseo por impacto es preferible. Esto suele ser el caso con los pernos aserrados, sobre los cuales aprenderá más en el próximo capítulo.

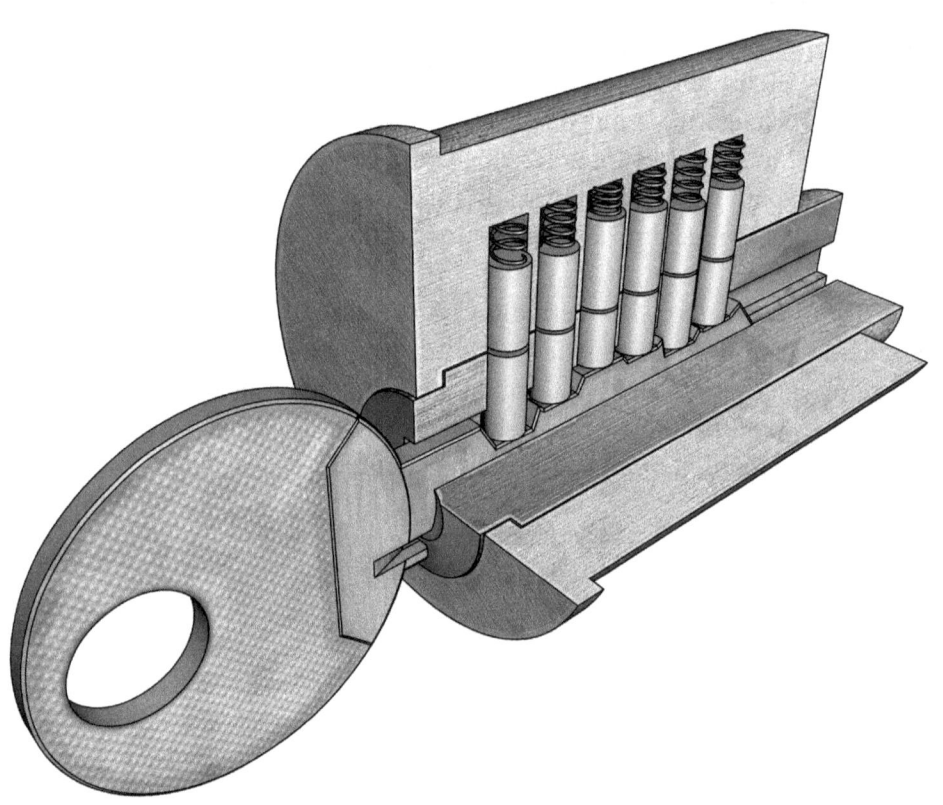

3
Cerraduras avanzadas de tambor de pines

Cerraduras avanzadas

Las cerraduras son una tecnología en constante evolución. Los fabricantes están siempre buscando una ventaja competitiva por medio del aumento de la seguridad de las cerraduras que venden. Al mismo tiempo, buscan un beneficio económico. Esto significa que también tratan de hacer las cerraduras lo más baratas posible. La mayoría de los consumidores no está demasiado obsesionados con la seguridad y en general consideran que una cerradura es tan buena como cualquier otra. Esta es la razón por la cual el precio se convierte en un factor decisivo. Por eso, la mayoría de las cerraduras que encontrará serán relativamente económicas y fáciles de falsear.

Pero no es siempre el caso. Para quienes buscan más seguridad, existe una gran variedad de cerraduras de mayor seguridad entre las cuales elegir. Mientras que es bastante fácil aprender cómo falsear las cerraduras baratas, puede ser muy difícil aprender a dominar las cerraduras de alta calidad y alta seguridad. Aprender a falsear cerraduras más seguras es un desafío mucho mayor que le demandará más cantidad de tiempo. El falseo avanzado de cerraduras es un arte que necesita tiempo y talento para su desarrollo. Debe estar sintonizado consigo mismo y con la cerradura. Sus dedos deben ser sensibles a vibraciones mínimas y ser capaces de percibir con mayor precisión los eventos que suceden dentro de la cerradura.

Las cerraduras caras están fabricadas con tolerancias mucho más exigentes. Esto significa que usted tiene menos margen para el error y no puede ser descuidado en el trabajo. El cilindro tiene menos holgura, es más difícil trabar los contrapernos, es más difícil determinar el orden en el que se traban los contrapernos y debe mover los pernos hasta una altura más exacta para colocarlos. Pero hay más. El fabricante de cerraduras también puede tratar de "engañarlo". Puede hacer contrapernos que le hagan pensar que se colocaron, cuando en realidad todavía están trabados y siguen manteniendo el cilindro seguro en su lugar. O bien, el fabricante puede ubicar un *perno muerto* en lugar de uno normal. Este tipo de pernos es fijo y se mantiene en su lugar. No está accionado por resorte y no se mueve hacia arriba y hacia abajo. Se utilizan para evitar el uso de llaves incorrectas y de herramientas de falseo.

Cerraduras avanzadas Redondeados y biselados   63

Este capítulo cubre varias modificaciones de las cerraduras tradicionales de tambor de pines hechas por los fabricantes para aumentar su seguridad, así como varias técnicas que puede usar para ganzuarlas con mayor eficacia.

Redondeados y biselados

Si mira con atención dentro de la bocallave de una cerradura de tambor de pines, probablemente observará que los extremos inferiores de los pernos son ligeramente redondeados. Esto les permite deslizarse hacia arriba y hacia abajo sobre las rampas de la llave a medida que ésta se inserta o se retira. Si no tuviesen el fondo redondeado, el borde plano podría atascarse en la llave y dificultar el deslizamiento de la llave hacia adentro y hacia afuera.

Los extremos de los pernos que llegan a la línea de corte son diferentes. Normalmente son planos o ligeramente curvos para permitir el giro del cilindro. Cuanto más ajustadas sean las tolerancias, mayor será la exactitud con la que la llave deba elevar los pernos hasta la altura precisa. Pero, algunas veces, no es así. El fabricante también puede redondear los extremos de los pernos que llegan a la línea de corte. Las entradas a los agujeros en el cilindro y el tambor también pueden ser biseladas. Al redondear y biselar, es posible utilizar materiales más baratos y reducir las tolerancias de la llave necesarias para abrir la cerradura. Cuando se utilizan los dos métodos, los pernos pueden estar a una altura ligeramente incorrecta y aún así deslizarse a su lugar cuando gira el cilindro. Además de reducir las tolerancias necesarias, estos métodos también pueden extender la vida útil de la cerradura, lo que reduce el costo de fabricación y de mantenimiento de estas cerraduras.

Con las cerraduras baratas, los dos lados de los pernos son redondeados y los dos agujeros son biselados. Esto hace mucho más fácil el rastrillado; hay mucha más libertad y flexibilidad en la forma de mover los

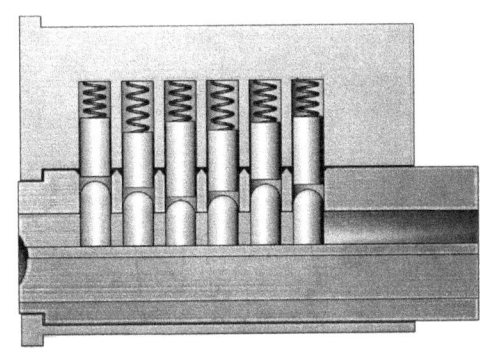
Pernos redondeados

pernos. Estos ángulos y curvas pueden presentar algunos problemas para el ganzuado. Los contrapernos se pueden enganchar en el bisel o los pernos redondeados se pueden enganchar en el borde del agujero. Si este perno permanece en el lugar, su comportamiento puede semejarse al del perno colocado. Como el perno no está a la altura correcta, todavía puede impedir el giro del cilindro. Si se encuentra con una cerradura barata que parece fácil de ganzuar y el cilindro gira un poco, pero no llega a abrirse, puede estar frente a pernos redondeados y agujeros biselados. Afloje la tensión de rotación y trate de sacudir los pernos hasta su lugar. Considere el uso de la técnica de rastrillado de alta velocidad, si se trata de una cerradura barata. Muchos dispositivos de baja calidad se pueden abrir habitualmente en menos de un segundo si utiliza el tacto adecuado.

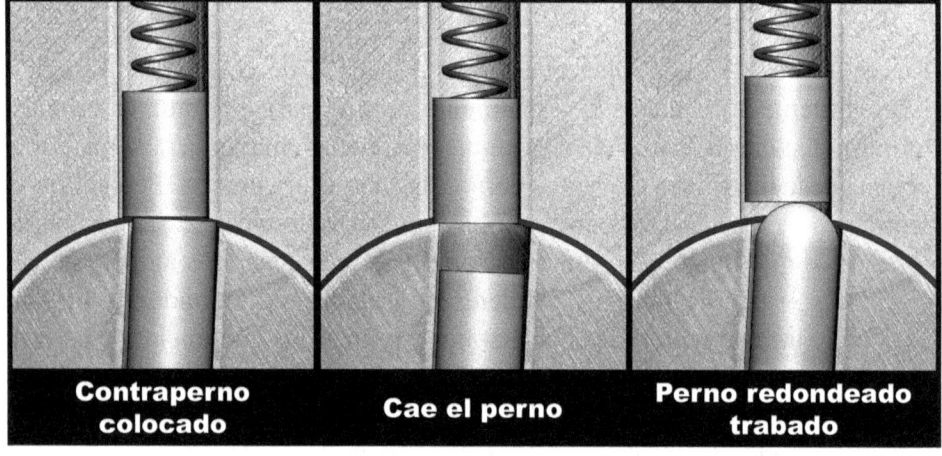

Contraperno colocado — **Cae el perno** — **Perno redondeado trabado**

Sin embargo, a veces el fabricante usa los pernos redondeados y los agujeros biselados para optimizar la seguridad, no los costos. Si, por ejemplo, los pernos inferiores son redondeados, se hace más difícil ganzuarlos. Los pernos redondeados son un problema porque se les traban los extremos más allá de la línea de corte. Si no deja de empujar el perno hacia arriba con la ganzúa en el momento exacto en el que alcanza la línea de corte, la parte superior más pequeña del perno estará dentro del tambor. El cilindro gira levemente mientras que el perno sigue subiendo más allá de la línea de corte hasta que la parte redonda hace tope y se traba en el lugar. Como el perno inferior está parcialmente dentro del tambor, impide la rotación del cilindro. Si aplica una fuerza de rotación suficiente, permanecerá atascado en su lugar en vez de caer. Si es el perno inferior es el que está redondeado, puede detectarlo porque no cae después de haberlo colocado. Los pernos no tienen por qué estar realmente redondeados. Alcanza con que los lados del perno próximos a la línea de corte tengan cierto ángulo, para que puedan presentar problemas y atascarse durante el ganzuado.

Los agujeros biselados pueden plantear un problema similar, aunque a la vez diferente y desafiante. Los agujeros biselados pueden

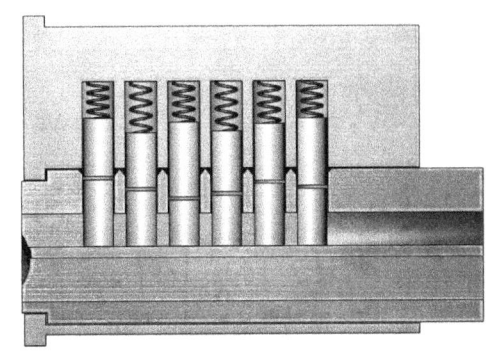

Agujeros biselados

complementar el trabajo de los pernos redondeados para dificultar el ganzuado. Al ganzuar una cerradura, se empuja el contraperno trabado hacia arriba con la esperanza de colocarlo por encima de la línea de corte. Se trata de escuchar y percibir los leves clics que acompañan este evento. Si los agujeros del cilindro están biselados, provocan un comportamiento interesante. A medida que el contraperno comienza a liberar la línea de corte, los agujeros biselados del cilindro le darán más espacio de maniobra al perno. Se percibe que le cilindro comienza a girar levemente. Luego, de pronto, otro perno puede quedar trabado ahora que ha girado el cilindro. Entonces se debe empujar el nuevo perno, en lugar de continuar empujando el primer perno. Es por eso que los agujeros biselados a veces obligan a ganzuar la misma columna de pernos más de una vez antes de liberar la línea de corte.

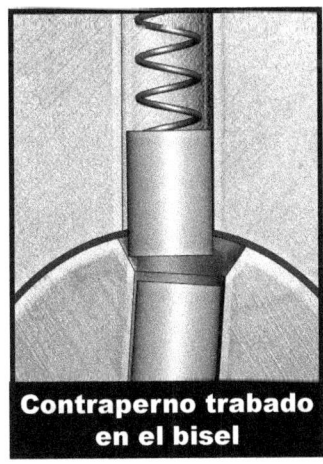

Contraperno trabado en el bisel

Según la configuración de los pernos redondeados y los biselados, también se puede trabar un contraperno en la línea de corte. Si esto sucede, el perno inferior caerá libre como si se hubiese colocado correctamente. Afloje la fuerza de rotación que está aplicando e intente empujar los contrapernos más arriba para que se coloquen correctamente. Tenga cuidado de no empujar demasiado, porque podría provocar que se trabe el perno inferior. Si fuese así, puede hacerlo caer aflojando la tensión de rotación y sacudiendo el perno ligeramente para que caiga. Muévalo hacia adelante y hacia atrás con una ganzúa o rastríllelo levemente. La fuerza del resorte que empuja hacia abajo ayudará. Solamente deberá ganzuar algunas de las columnas de pernos más de una vez para abrir la cerradura. O bien, deberá retirar la herramienta de tensión y empezar de nuevo.

Según la forma en que se usen los redondeados y biselados, las cerraduras serán más difíciles de falsear, más fáciles de fabricar o durarán más. Es posible que deba rastrillar o ganzuar algunos pernos varias veces para colocarlos correctamente. Quizás deba volver a ganzuar un perno más tarde, después de haber colocado otros pernos, cuando el cilindro haya podido girar más. Al final, la persistencia será recompensada.

Llaves maestras

Muchas instalaciones y edificios pueden tener un gran número de cerraduras diferentes. Por ejemplo, un hotel necesita una cerradura diferente para cada habitación, de las cuales puede haber cientos o miles. No sería práctico para los dueños ni para el personal de mantenimiento cargar una llave diferente para cada cerradura. Para estas situaciones existen las *llaves maestras* que pueden abrir todas las cerraduras. O puede haber una llave que funcione en todas las áreas de mantenimiento para el personal de mantenimiento, y otra llave que funcione para esas cerraduras y además para las de las oficinas, para el personal de seguridad, y tal vez otra llave que solo funcione en las áreas públicas y oficinas para el personal de conserjería. Puede haber muchos esquemas de acceso. Muchos de ellos requieren que más de una llave funcione para más de una cerradura. Muchos edificios de apartamentos, residencias, moteles, hospitales e instituciones con muchas habitaciones emplean estos sistemas.

El falseo de estas cerraduras puede ser más sencillo que el de las cerraduras normales de tambor de pines. Los cerrajeros que instalan estas cerraduras lo saben y, dependiendo

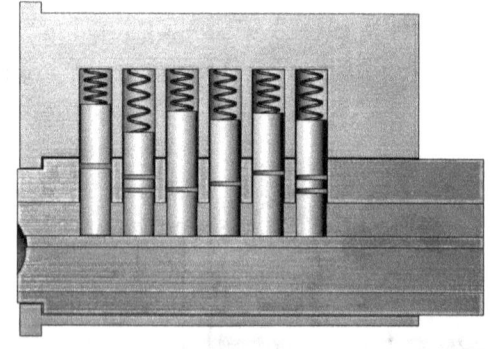

Cerradura para llave maestra

del presupuesto, pueden instalar medidas de seguridad adicionales. Primero concentrémonos en el diseño simple de una cerradura con llave maestra. Estas cerraduras tienen un perno extra en las columnas de pernos, entre el contraperno y el perno inferior. A menudo se los llama *pernos maestros, pernos intermedios, espaciadores, discos maestros,* o *placas maestras*. Ahora es posible empujar la columna de pernos hacia arriba hasta cualquiera de las dos alturas diferentes que ubican la separación entre los pernos a la altura de la línea de corte y permiten que abra la cerradura. Esto permite que dos llaves distintas abran la cerradura. Una cerradura vecina puede tener un corte diferente del perno maestro y del perno inferior para que funcione la misma llave maestra, pero se necesite una llave diferente.

Recuerde, si va a realizar el mantenimiento de una cerradura con llave maestra, aunque use un extractor de cilindro para retirar el cilindro, algunos de los pernos intermedios quedarán en el cilindro y otros en el tambor. Si se olvida de los pernos extra que quedaron en el tambor, cuando cambie la combinación puede hacer que la cerradura no funcione correctamente y puede reducir su seguridad.

También debe tener cuidado con estos pequeños pernos intermedios cuando haya falseado la cerradura. Si gira el cilindro hasta que quede invertido, los pernos intermedios pueden caer al fondo del canal de la llave y atascarse. Si gira tanto el cilindro, debe asegurarse de no permitir que los pernos caigan al canal de la llave. Esto solo es un problema si el canal de la llave está

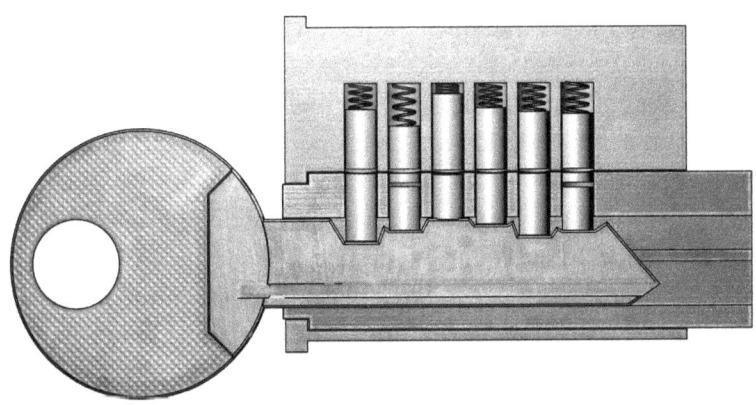

Llave del usuario

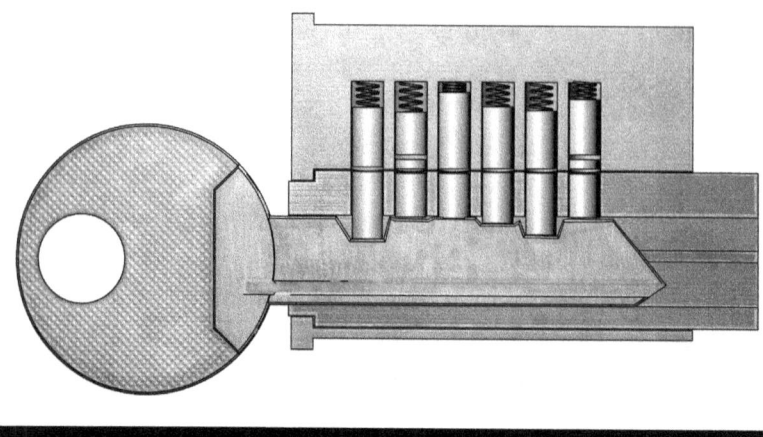

Llave maestra

abierto en el fondo y la abertura es suficientemente grande como para que los pernos la atraviesen. Puede utilizar la ganzúa u otra herramienta en el canal de la llave para evitar que caigan los pernos. Si tiene este problema, siempre puede usar un extractor de llaves rotas o un imán potente para retirarlos. Esto significa que deberá sustituirlos para que todas las llaves vuelvan a funcionar en la cerradura, por eso debe prestar atención.

Generalmente, la llave maestra eleva los pernos inferiores hasta la línea de corte, mientras que la llave del usuario eleva los pernos intermedios hasta la línea de corte. De esta manera, la llave maestra tendrá cortes menos profundos que cualquiera de las llaves de los usuarios. Si no fuera así, cualquier persona podría limar adecuadamente los cortes de una llave de usuario para obtener una llave maestra poderosa.

Las cerraduras que están previstas para funcionar con llaves maestras son más fáciles de falsear, a causa de los múltiples pernos. Este diseño permite que más de una llave abra la cerradura, por lo que el ganzuado es previsiblemente más sencillo. Hay más opciones de altura de pernos disponibles, de modo que hay más posibilidades de colocar los pernos a una altura adecuada durante el ganzuado. Si solo hay un perno intermedio, hay dos maneras posibles de abrir la cerradura. Con dos pernos intermedios este número se eleva a cuatro posibilidades. Ahora considere las configuraciones más complejas de llaves maestras con más pernos intermedios. Tres pernos intermedios brindan ocho combinaciones posibles. Cuatro pernos intermedios crean dieciséis

Cerraduras avanzadas Llaves maestras

combinaciones posibles. Algunas de ellas pueden ser combinaciones no previstas para las cuales no existe una llave. Sin embargo, se puede ganzuar la cerradura utilizando todas las posibilidades, por supuesto.

La cantidad de posibilidades se eleva drásticamente en instalaciones complejas y las hace sencillas de falsear. Los cerrajeros también los saben. Es por eso, que algunos de los pernos pueden tener formas especiales para engañarlo. Discutiremos esos pernos especiales de alta seguridad en la sección siguiente.

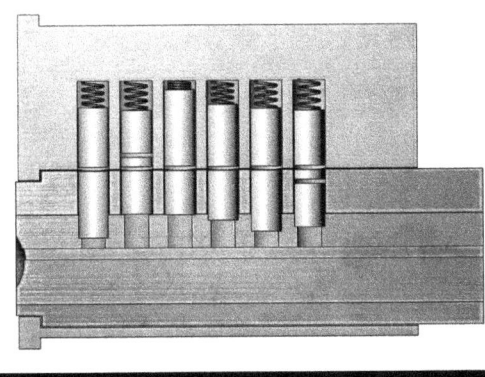

Opción para abrir sin la llave

Cómo descubrir llaves maestras

Si ya tiene una llave de usuario para la cerradura, tiene un camino interesante para encontrar la forma de la llave maestra. La forma de la llave maestra le dará acceso a todos los privilegios de la verdadera llave maestra. Este camino solo requiere el acceso a una sola cerradura del sistema a la que probablemente ya tiene acceso si tiene una llave de usuario. La desventaja de este camino es que exige limar mucho. Cuando ponga en práctica esta técnica de descubrimiento, solo debe probar varias llaves en la cerradura como probaría una llave normal. No se necesitan ganzúas, herramientas ni acciones sospechosas en sitio. Todo el limado se puede realizar fuera del sitio. Sin embargo, se necesitan muchas pruebas de llave, lo que puede significar muchas idas y venidas hasta la cerradura.

Mire la llave de usuario que posee y razone cuántas columnas de pernos tiene la cerradura. Necesita obtener al menos la misma cantidad de llaves en bruto que calcen en la cerradura, como columnas de pernos tenga la cerradura. También necesita una buena lima, y un calibre puede simplificar la tarea de medir con precisión la profundidad de las ranuras de la llave.

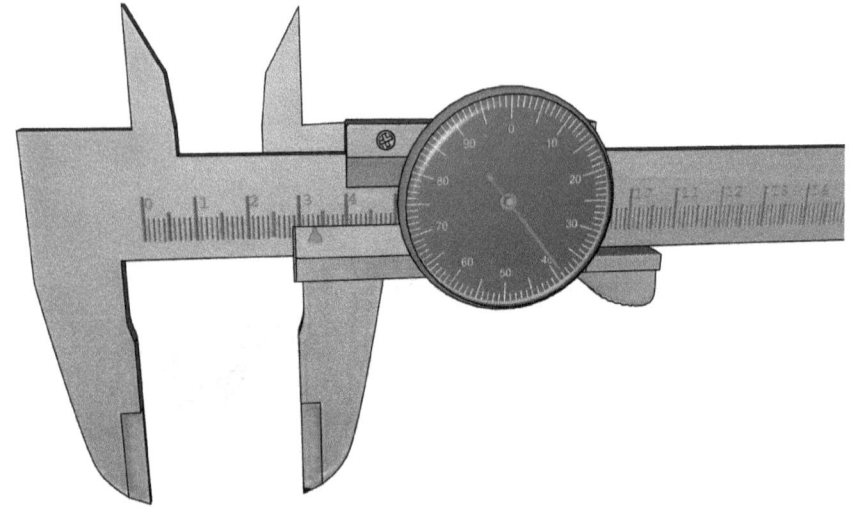

Calibre

Por ahora, asumamos que hay cinco columnas de pernos. En este caso tendrá cinco llaves en bruto. Límelas todas para que casi coincidan con la llave original.

Fíjese que cada llave en bruto tiene una posición en la que no se lima, mientras que las otras posiciones se liman exactamente igual que la llave original. Puede usar un calibre para asegurarse de que sus cortes coinciden exactamente con la llave original. Algunas veces, dejar una posición sin limar

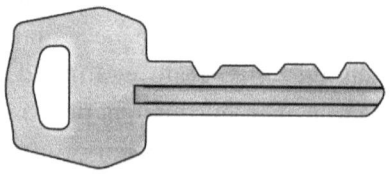

Llave original del usuario

en absoluto puede ser problemático. Si la diferencia entre las profundidades de las ranuras de pernos vecinos es demasiado grande, puede ser imposible insertar la llave hasta el fondo de la cerradura o puede quedarse trabada adentro una vez insertada. La llave maestra obviamente no tiene cortes que la hagan inutilizable. Por eso, puede limar con seguridad parte de la altura de los ángulos muy pronunciados antes de tener problemas de esta naturaleza.

Ahora que tiene todas las llaves en bruto, es el momento de encontrar las alturas alternativas de las ranuras para las cuales abre la cerradura. Elija una llave en bruto, insértela en una cerradura del sistema y gírela. Lo más probable es que no pase nada. La posición que dejó sin limar en esta llave es su posición de prueba. El objetivo es encontrar si hay otras profundidades de esta posición de prueba que funcionen en la cerradura. Retire la llave, lime la ranura del perno de prueba un poco y pruebe de nuevo. Cuando pruebe las diferentes profundidades, finalmente encontrará la profundidad de la ranura del perno de la llave original y la cerradura debe abrirse. Puede medir con el calibre para confirmar que la profundidad de la ranura coincide con la profundidad de la ranura correspondiente de la llave original. En este momento puede pasar a otra llave en bruto y probar las diferentes profundidades de las demás posiciones de las ranuras. Siga limando todas

Llaves en bruto preparadas con diferentes posiciones de la ranura de prueba

las llaves en bruto de esta manera y si la cerradura abre en posiciones diferentes del corte original, tendrá una posible profundidad de perno a la que funciona la llave maestra. Mida la profundidad de las ranuras de los pernos con el calibre y anótelas, junto con su ubicación en la llave.

Las llaves maestras generalmente tiene cortes menos profundos que las llaves de usuario. Esto impide que las personas que tienen una llave de usuario simplemente la puedan limarla para hacer una llave maestra. Después de haber limado las llaves en bruto de prueba hasta la profundidad del corte original puede seguir limando la ranura de prueba para probar profundidades mayores que la original. Esto se puede hacer por si la llave maestra tiene una ranura más profunda en esa ubicación.

Cuando haya terminado de limar todas las llaves en bruto, debe haber al menos una llave con una profundidad de ranura diferente que también funciona en la cerradura. Sin embargo, también es posible que haya más. Si solo hay una ranura con una profundidad alternativa, ya tiene toda la información que necesita para hacer una llave maestra. Si hay diferentes pernos con profundidades alternativas, puede tener que limar varias posibles llaves maestras. Primero, lime una llave que tenga todas las profundidades alternativas. Si la llave con todas las profundidades alternativas no funciona en otras puertas con el mismo esquema de llave maestra, deberá intentar hacer otras llaves con algunas de las otras combinaciones de profundidades originales y alternativas. Algunos sistemas de llaves maestras pueden ser muy complejos con diferentes llaves maestras trabajando en los diferentes conjuntos de cerraduras.

Pernos de alta seguridad

Los *pernos de alta seguridad* son similares a los pernos normales; bueno, casi. Sirven para el mismo propósito básico. Están accionados por resorte y divididos en la línea de corte igual que sus hermanos más simples. Sus ventajas se vuelven evidentes cuando se intenta ganzuarlos. Hacen creer que se han colocado, pero no han liberado la línea de corte en absoluto. Cuando se piensa que el perno está colocado, se avanza al perno siguiente, continuando hasta creer que están todos colocados. En ese momento se comprueba que algo no está bien porque el cilindro no se destraba. Es posible que gire levemente, pero no abre. Esto se debe a que un perno de seguridad se colocó en falso demasiado abajo y sigue bloqueando la línea de corte.

Ejemplos de pernos de seguridad

Normalmente los contrapernos tienen una parte superior más o menos plana y una base plana. También pueden ser redondeados, como se explicó en una sección anterior. Recuerde que los lados de un contraperno normal son lisos. Pueden deslizarse hacia arriba y hacia abajo dentro del agujero designado. Los lados de los pernos de seguridad tienen una forma modificada que dificulta el ganzuado. Tenga presente que las ilustraciones de esta sección están muy exageradas para enfatizar este concepto en particular.

El *contraperno de hongo* se llama así porque su forma se parece algo a un hongo. Se puede instalar y usar igual que un contraperno común. La hendidura en el costado del contraperno permite que se coloque en falso al ser empujado hacia arriba. La parte superior de la cabeza del contraperno hace contacto con el tambor y provoca la colocación en falso. El contraperno permanece trabado entre el tambor y el cilindro, permitiendo la caída del perno inferior al retirar la presión de la ganzúa. En realidad, la columna de pernos no se ha elevado lo suficiente y la cabeza del hongo permanece alojada en el cilindro.

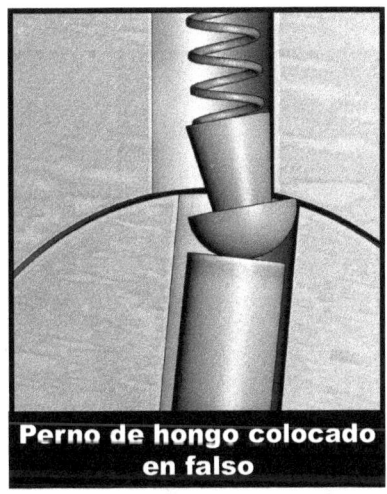

Perno de hongo colocado en falso

El borde superior de la cabeza del hongo hace tope en el borde del agujero del tambor y no se puede seguir empujando el perno hacia arriba. Esto se puede solucionar reduciendo la presión sobre la herramienta de tensión. De este modo, el hongo puede calzar a través del agujero. Es posible que haya que golpear suavemente el perno para que quede completa y correctamente colocado. Cuando la cabeza amplia atraviese la línea de corte y se ubique en el tambor, el cilindro girará levemente hacia atrás. Una percepción sensible o una herramienta de tensión accionada por resorte ayudan a mantener la tensión adecuada sobre los demás pernos. Sin embargo, los contrapernos ya colocados se pueden aflojar y salir de su posición. No se preocupe, siempre puede retroceder y colocar esos contrapernos comunes con facilidad.

Perno de hongo colocado en falso

Algunos contrapernos de hongo también son redondeados. Esto agrega la seguridad adicional propia de los pernos redondeados.
Pueden provocar colocaciones en falso adicionales y puede ser necesario ganzuarlos varias veces para que se coloquen correctamente.

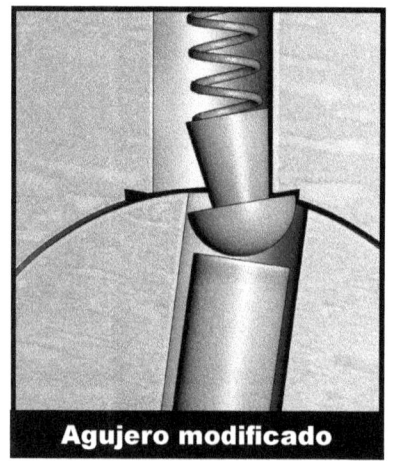

Agujero modificado

Los fabricantes también pueden ensanchar la parte superior del agujero en el tambor. Esto permite que el contraperno se incline más y aumenta las posibilidades de que se enganche. También se puede hacer un borde o bisel a la entrada del agujero en el tambor. Así se facilita el enganche de la cabeza del contraperno modificado contra este borde.

Otro diseño popular para los contrapernos de seguridad es el *perno de carrete*. Están diseñados para provocar falsos colocados muy engañosos. Son similares a los contrapernos de hongo, su parte inferior es más ancha que el medio. También puede ser muy difícil detectar su presencia hasta que sea demasiado tarde. El costado del perno está diseñado para engancharse en la línea de corte. El extremo del carrete puede engancharse al entrar al tambor y hace muy difícil empujar hacia arriba mientras se aplica torque al cilindro. Los pernos de carrete se manejan de la misma manera que los pernos de hongo. Afloje un poco la tensión de rotación para permitir que la parte más ancha atraviese la línea de corte. Nuevamente, es posible que al aflojar la tensión de descoloquen otras columnas de pernos. Lo importante es que ha colocado el contraperno de seguridad; como el contraperno que cayó se había trabado primero debería ser sencillo volver a colocarlo. Puede ser más difícil cuando la colocación del perno de seguridad hace que se descoloque un contraperno ya colocado y al volver a colocar este último se descoloca otra vez el primero. Asegúrese de aflojar la tensión de rotación apenas en la medida necesaria y no más.

Perno de carrete colocado en falso

Algunas veces el contraperno o el perno inferior tienen un radio menor. Esto crea efectos extraños al ganzuarlos. Por ejemplo, si el perno inferior es más grande que el contraperno puede trabarse con el tambor, aunque el contraperno sea muy chico para hacer tope con el cilindro y colocarse hasta que se pueda girar más el cilindro. Si el perno inferior es más pequeño, puede comportarse de manera diferente después de colocada la columna. El perno inferior puede ser suficientemente pequeño para poder atravesar la línea de corte aunque el contraperno esté colocado. En esta situación es frecuente que se empuje el perno inferior más allá de la línea de corte hacia el interior del tambor. En lugar de golpear contra el tambor y detenerse, se puede percibir la resistencia del resorte. Sin embargo, al bajar la ganzúa, el perno inferior vuelve a apoyarse sobre el cilindro en la línea de corte.

Una diferencia importante entre abrir una cerradura con la llave y ganzuarla, es que durante el falseo es necesario aplicarle al cilindro una fuerza de rotación. Hay un diseño de pernos que explota este hecho para dificultar enormemente el falseo. Los *pernos aserrados* tienen varias ranuras en sus costados. Los lados de los agujeros del cilindro y del tambor tienen uno o más dientes o bordes que calzan en las ranuras de los pernos. Esto provoca un bloqueo eficaz del perno en su lugar, e impide que se deslice hacia arriba y hacia abajo.

Algunas personas prefieren el *ganzuado inverso* de las cerraduras con pernos modificados. Para eso se aplica un mayor esfuerzo de rotación y se empujan todos los pernos hacia arriba más allá de la línea de corte. Después de hacer esto, todos los contrapernos estarán completamente dentro del tambor y los pernos estarán trabados en la línea de corte. Use un rastrillo o una ganzúa a lo largo de los pernos para vibrar cada uno de ellos mientras reduce la tensión de rotación. Con suerte, todos los pernos inferiores bajarán a la línea de corte. Los contrapernos modificados se mantienen seguros dentro del tambor todo el tiempo y no entorpecen el método. Para este método se recomienda una ganzúa en rombo. Mientras todos los contrapernos modificados estén en el tambor, debería ser relativamente fácil ganzuar los pernos normales si bajaron mucho.

Por lo general, solo unos pocos contrapernos serán sustituidos por contrapernos especiales de alta seguridad. La primera columna de pernos casi nunca tiene contrapernos de seguridad. La excepción son los pernos de diseño aserrado, que pueden ser utilizados en todas las columnas de pernos. Si al empujar los pernos el cilindro gira ligeramente hacia atrás, es muy probable que se trate de pernos modificados de seguridad. Aplique un leve esfuerzo de rotación sobre la herramienta de tensión y una fuerza mayor para empujar los pernos con la ganzúa. Como la mayoría de estos diseños se basan en la fuerza de rotación que se aplica al cilindro durante el ganzuado, es posible que el ganzuado por impacto o por vibración sean más eficaces. Antes, los tambores de seguridad se utilizaban exclusivamente en cilindros caros de alta seguridad. A medida que pasa el tiempo, se están haciendo cada vez más comunes. Es muy probable que los encuentre en sus viajes.

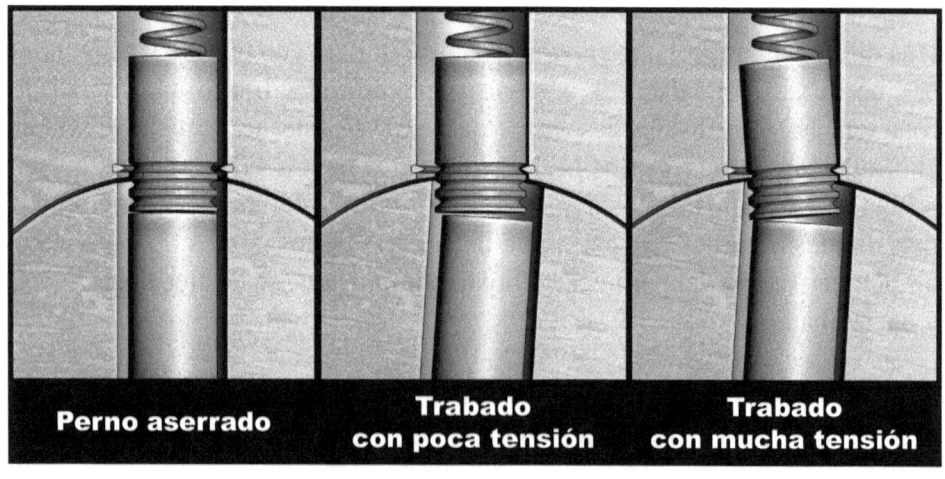

Herramientas de tensión

Existe una gran variedad de herramientas de tensión. Ya describimos la llave de tensión básica, pero hay otras que pueden facilitar el falseo, calzar mejor en tipos especiales de cerraduras o adaptarse mejor a su estilo personal. Un ejemplo simple de estas herramientas especiales son las *llaves de tensión redondas*. Estas herramientas a menudo tienen dos alambres metálicos en forma de L. Las puntas de estos alambres entran en las partes superior e inferior de la bocallave.

Con estas herramientas de tensión es posible hacer girar el cilindro en cualquier dirección con igual facilidad. A diferencia de la llave de tensión tradicional, es menos probable que esta herramienta interfiera o se vea obstruida por la acción de la ganzúa o del rastrillo. La fuerza de rotación que proporciona esta herramienta se puede equilibrar mejor que la de una llave de tensión común porque los dos puntos sobre los que se aplica la fuerza están en los extremos opuestos del ojo de la cerradura. La más simple de estas herramientas de tensión redondas tiene una distancia fija entre los dos alambres en forma de L. Otros modelos más avanzados permiten que el usuario adapte la distancia de los alambres a la forma exacta de la bocallave. Estas versiones mejoradas tienen un botón accionado por resorte que se presiona para acercar los dos alambres. Luego se inserta la herramienta en

Llave de tensión redonda

la bocallave y se suelta el botón. El resorte separa los alambres hasta que ambos presionan sobre los lados opuestos de la bocallave.

También se dispone de llaves de tensión redondas accionadas por resorte. Estas herramientas permiten el control exacto de la cantidad de fuerza de rotación que se le aplica al cilindro. Muchas de estas herramientas tienen un cuadrante que muestra exactamente cuánta tensión proporciona el resorte. El resorte dentro de la herramienta absorbe parte de la tensión que se aplica, por eso la fuerza de rotación total de salida es menor que la que se suministra. Esta propiedad permite que el usuario controle mejor cuánta tensión aplica. El control fino de la tensión es especialmente necesario para ganzuar cerraduras de tambor de pines avanzadas con pernos modificados. Con esas cerraduras es muy probable que un contraperno colocado en falso solo pueda ser descubierto cuando el cilindro gire en sentido contrario al empujar el perno. En estos casos, la tensión se debe disminuir despacio mientras se empuja hacia arriba el perno colocado en falso. Si la fuerza de rotación se afloja demasiado rápido, algunos de los contrapernos ya colocados volverán a caer dentro del cilindro. Sin embargo, este diseño puede dificultar la percepción del momento en el que se coloca la columna de pernos, porque el resorte amortigua la rotación ligera y repentina del cilindro cuando el contraperno cruza la línea de corte. Aún es posible observar este evento en el cuadrante de torque. La preferencia por el uso de este estilo de herramienta de tensión depende en realidad de su propio

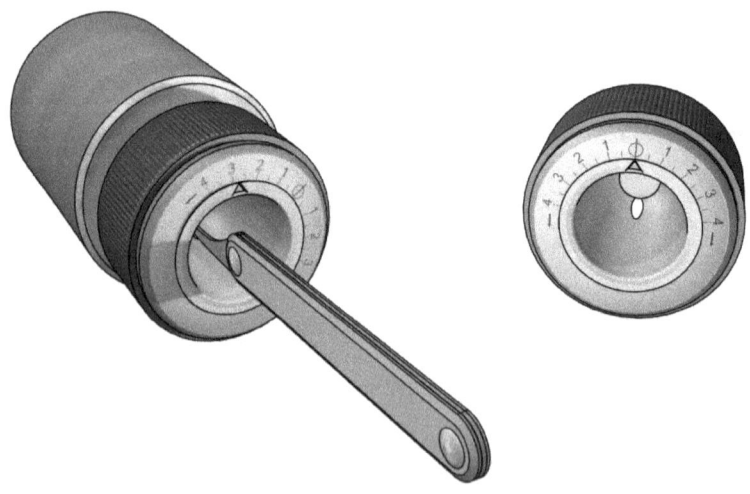

Llave de tensión redonda accionada por resorte

estilo, cómo desarrolle su sentido del tacto, cuánta importancia le da a lo visual, etc…

Existen otros diseños de herramientas de tensión accionadas por resorte que no son redondas, sino de forma más clásica. Esta llave de tensión en particular es útil para falsear cerraduras avanzadas de tambor de pines por las mismas razones que la llave de tensión redonda accionada por resorte. A diferencia de su prima redonda, esta herramienta no tiene un indicador visual que ayude a percibir cuándo se ha colocado la columna, por eso, esta herramienta requiere un poco más de pericia.

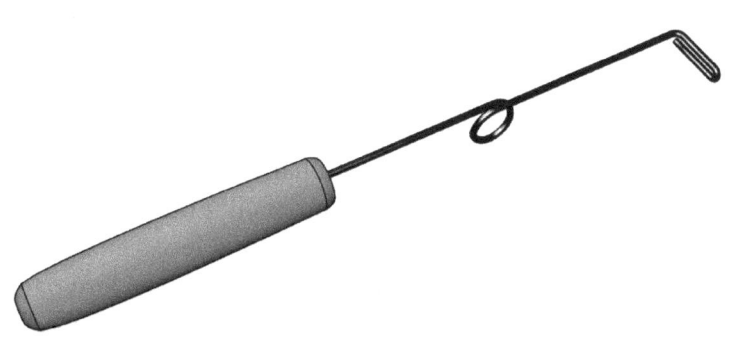

Llave de tensión accionada por resorte

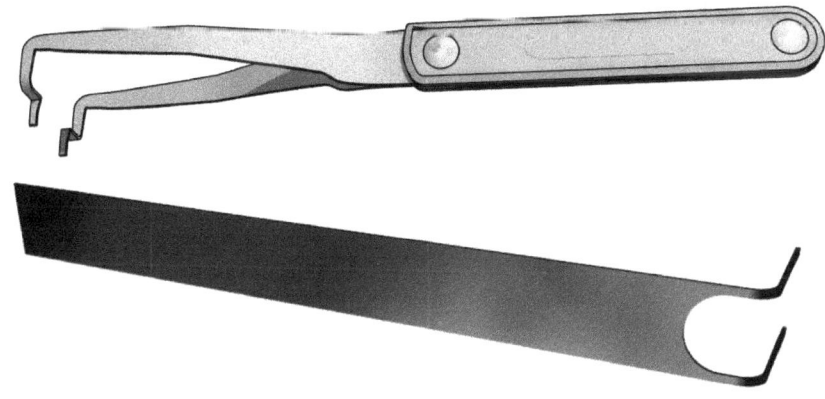

Llaves de tensión de doble cara

Hay otras herramientas de tensión clásicas que se adaptan a diversos ojos de cerradura y los toman por los extremos opuestos. Estas llaves de tensión se usan especialmente en las cerraduras de cilindro de discos de doble cara, pero también se pueden utilizar con frecuencia en las cerraduras estándar de tambor de pines. Al igual que las herramientas de tensión redondas, intentan interferir lo menos posible con la ganzúa, cualquiera sea el tamaño del ojo de la cerradura.

Girador de cilindros

A medida que trabaje con diversas cerraduras, comprobará que cada cerradura tiene su personalidad propia. ¿Recuerda que la falta de alineación entre los pernos hace que se traben en cierto orden? Eso significa que si ganzúa la cerradura en sentido horario, los pernos se traban en orden inverso que si la ganzúa en sentido antihorario. Algunas veces es mucho más fácil ganzuar la cerradura en una dirección de rotación que en la otra. Esto no es problema si la dirección en la que quiere girar primero es la más fácil, o si la cerradura puede girar en cualquier dirección. Otras veces, puede ser un problema, si la dirección más sencilla para el ganzuado es la equivocada. Muchas cerraduras solo permiten ser abiertas en una dirección. Puede encontrarse en una situación en la que ha trabajado duro para falsear una cerradura y se da cuenta de que está girando el cilindro en el sentido

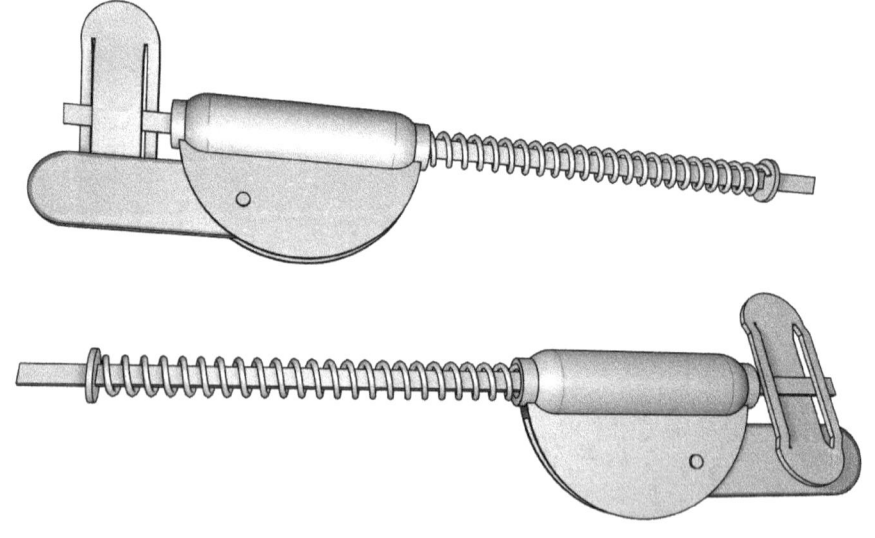

Girador de cilindros

equivocado. En esos casos, se puede usar una herramienta llamada *girador de cilindros* para hacer girar el cilindro más allá de la posición de bloqueo y hasta la posición de apertura. Más abajo se muestra un ejemplo del tipo común de giradores de cilindros. Como el girador de cilindros hace girar el cilindro a alta velocidad pasando por el punto de bloqueo, los contrapernos accionados por resorte no tienen tiempo de caer a los agujeros dentro del cilindro. Esto impide que el cilindro de trabe y permite falsear la cerradura en la dirección más sencilla aunque sea "equivocada".

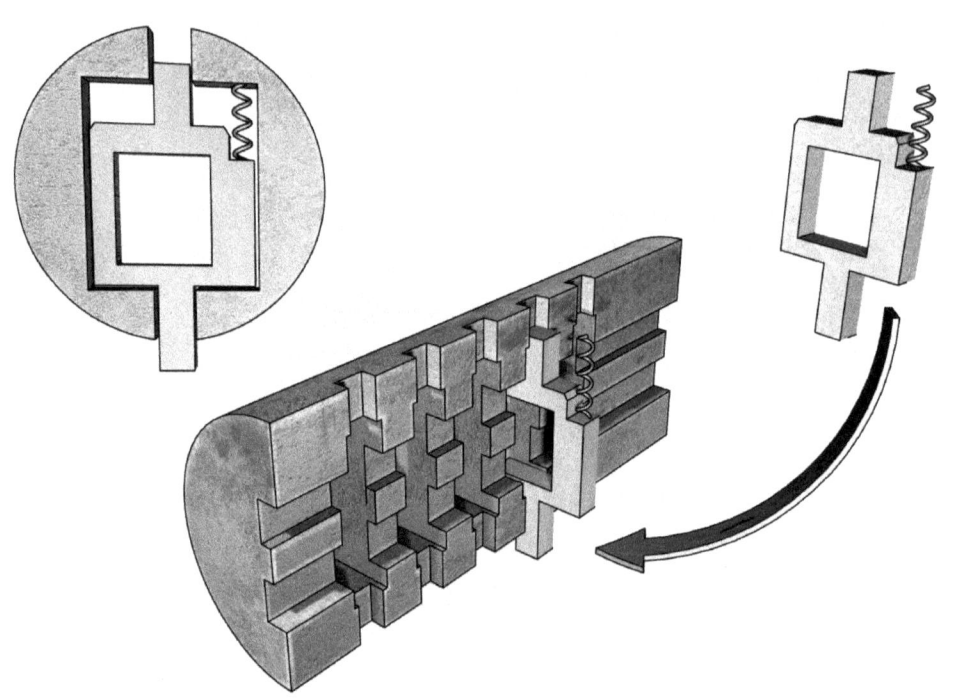

4

Cerraduras de discos

Cerradura de cilindro de discos

Las *cerraduras de cilindro de discos*[1] o *cilindro de placas* son muy comunes en aplicaciones económicas por su bajo costo de fabricación. Fueron introducidas a fines del siglo XIX, y pueden ser encontradas en escritorios, archivos, puertas de automóviles, ventanas, máquinas expendedoras antiguas y cajas de seguridad para incendios, entre otros usos. Son muy similares a las cerraduras de tambor de pines, excepto por el uso de discos en lugar de pernos redondos. De hecho, si lo desea, puede ignorar casi todo este capítulo y utilizar las técnicas que aprendió previamente. Está generalmente aceptado que una cerradura de cilindro de discos es más fácil de falsear que su equivalente de tambor de pines.

Vistas de afuera, las cerraduras de cilindro de discos son similares a las de tambor de pines y las llaves son casi idénticas. La característica más notoria para distinguir unas de otras son los discos. Si mira dentro de la bocallave, podrá ver los discos anchos y planos en lugar de los pernos redondos. Sin embargo, el funcionamiento interno de las cerraduras de discos es bastante diferente.

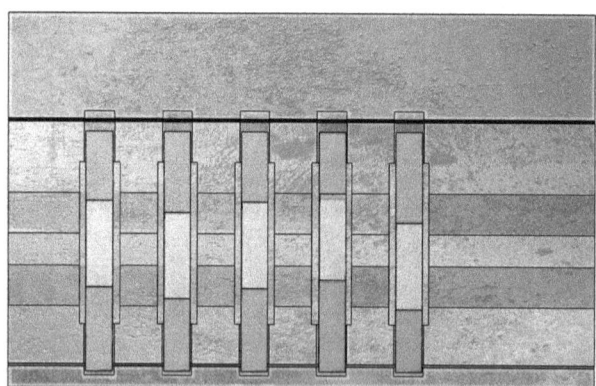

Vista lateral de cerraduras de discos

---

1 N. de la T.
En inglés "wafer tumbler" o "disc tumbler".
También se puede encontrar este término en español referido a las cerraduras de seguridad patentadas con discos rotatorios.

Cerradura de cilindro de discos — Cómo funcionan

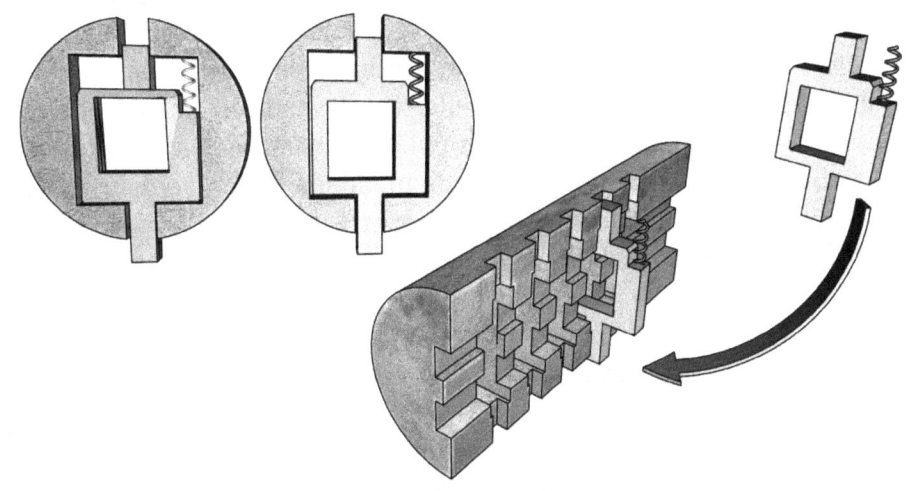

Vista en corte de los discos en el cilindro

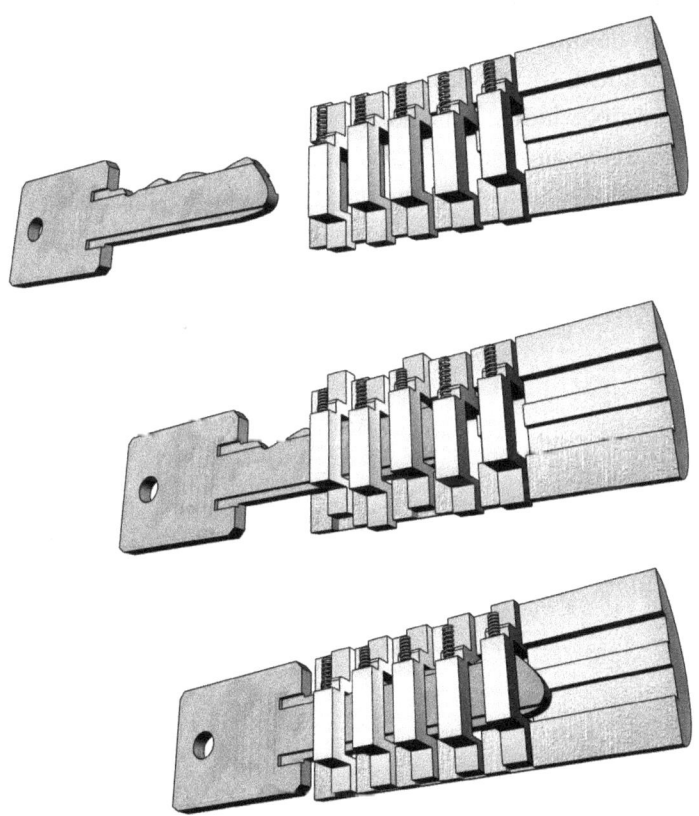

Vista en corte del cilindro con la llave

Las cerraduras de cilindro de discos funcionan elevando y bajando discos dentro del cilindro. Cuando los discos se mueven hacia arriba, sobresalen por encima de la parte superior del cilindro y entran en una ranura del tambor, trabándolo en el lugar. Cuando se mueven hacia abajo, sobresalen por debajo del fondo del cilindro y también lo traban en el lugar. Los discos están cortados de diferentes formas, de modo que cada uno debe moverse hasta una altura diferente para no sobresalir del cilindro. Cuando no haya discos sobresaliendo del cilindro, éste queda libre para rotar y abrir la cerradura.

Cerraduras de doble cara

En un intento por aumentar su seguridad, los fabricantes inventaron la *cerraduras de cilindro de discos de doble cara* o *cerraduras de placas de doble cara*. Muchas cerraduras de automóviles usan discos de doble cara. También se las puede encontrar en pomos de puertas, máquinas expendedoras, equipamiento de oficinas y en todo lugar que necesite mayor seguridad que la de una cerradura simple de discos. Son fáciles de distinguir por sus llaves dentadas en ambos lados. Los discos tienen resortes alternados. Algunos se deben empujar hacia abajo y otros necesitan ser empujados hacia arriba. Algunas cerraduras tienen la misma secuencia de discos de cada lado, lo que permite que la llave se pueda insertar de cualquier lado, esto se llama una *llave cómoda*. Otras cerraduras tienen diferente diseño de cada lado para una seguridad ligeramente mayor.

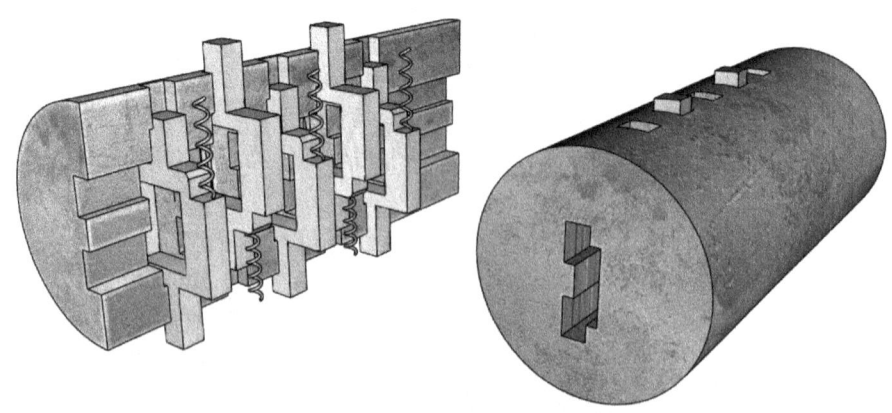

Vista en corte del cilindro con discos alternados

Cerradura de cilindro de discos   Doble cara   87

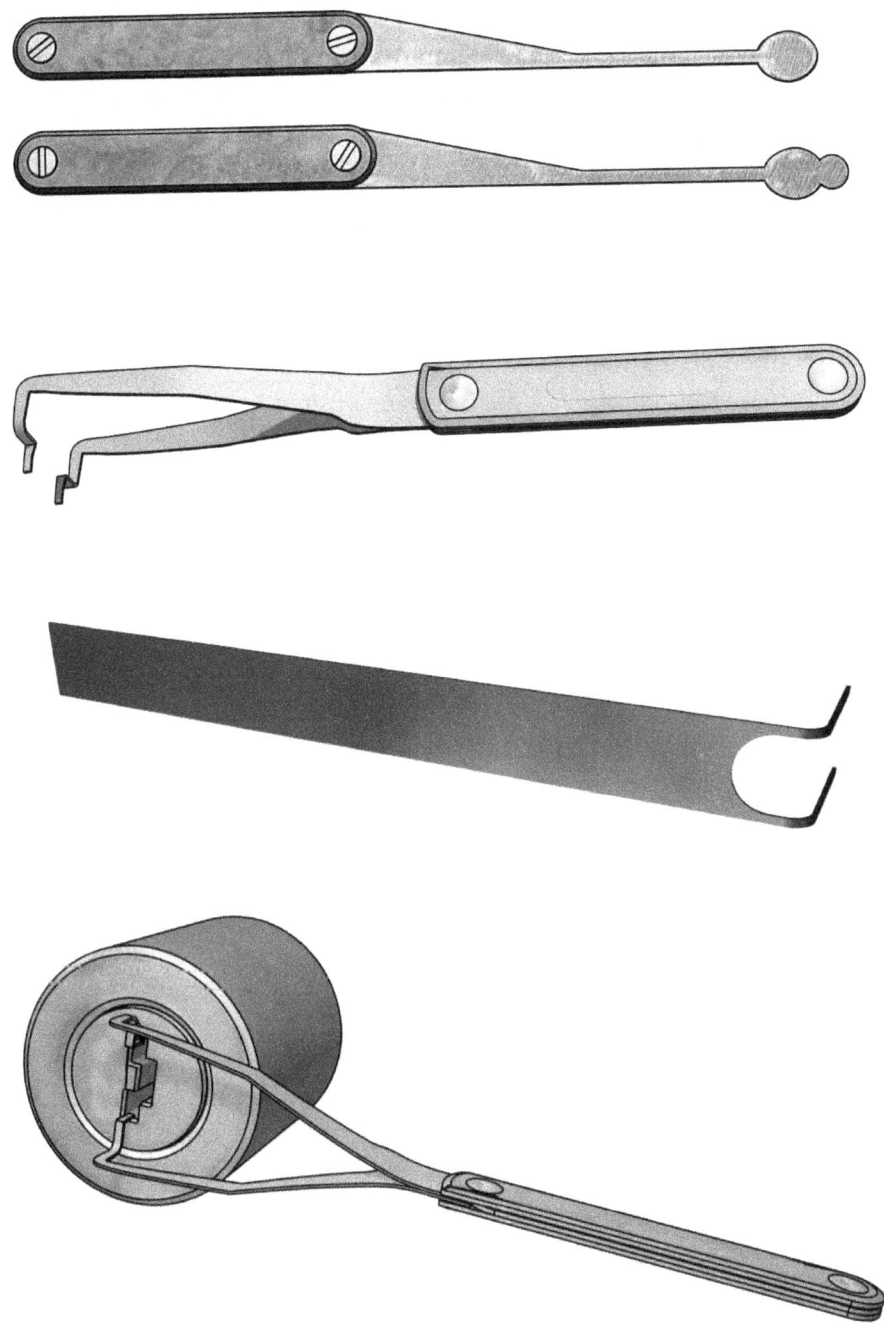

Ganzúas y llaves de tensión para cerraduras de doble cara

Aquí son útiles las ganzúas de doble cara. Permiten levantar algunos discos y luego fácilmente empujar hacia abajo sin tener que dar vuelta la ganzúa. Las ganzúas de doble cara que se muestran también funcionan bien para algunas marcas de cerraduras de doble cara. La herramienta de tensión de doble lengüeta que se muestra aquí es común en muchos juegos y está especialmente diseñada para cerraduras de doble cara. Se utiliza en conjunto con las ganzúas de doble cara que se muestran en el capítulo 2. Permite rotar el cilindro e insertar la ganzúa en el medio de la bocallave. Esto facilita el acceso a los discos superiores e inferiores.

Si ya conoce las cerraduras de tambor de pines y de cilindro de discos, encontrará que las cerraduras de doble cara son una extensión directa de lo que ya sabe.

Las *cerraduras de cilindro de placas* aumentan la seguridad usando un gran número de placas. A menudo emplean más de diez placas en una sola cerradura.

Las *cerraduras de discos con barra lateral* incrementan más la seguridad por medio del uso de una barra que solo se ubica en su lugar cuando todos los discos están alineados. De esta manera es más difícil colocar cada disco por separado. Para falsear este tipo de cerradura por lo general es necesario aplicar alguna fuerza a la barra lateral para empujarla hacia los fiadores. Así es posible trabar los discos y mantenerlos en su lugar cuando la ganzúa los coloca en posición.

Cómo falsearlas

Para falsear las cerraduras de cilindro de discos se pueden utilizar las mismas técnicas usadas con las cerraduras de tambor de pines. Debido a sus características, se desarrollaron herramientas específicas para las cerraduras de discos. Una de esas herramientas es la *jiggler* o *llave de prueba*. Un cerrajero puede tener una amplia gama de llaves como esta, que son básicamente piezas de metal que se parecen vagamente a las llaves verdaderas. Sus formas son muy variadas, de tal modo que si una no funciona, la siguiente puede funcionar. Puede obtener un juego de llaves de prueba que tengan como objetivo un tipo específico de cerradura. Si las tolerancias de la cerradura son pobres, la llave se puede cortar a una

Cerradura de cilindro de discos Cómo falsearlas

Jigglers de doble cara

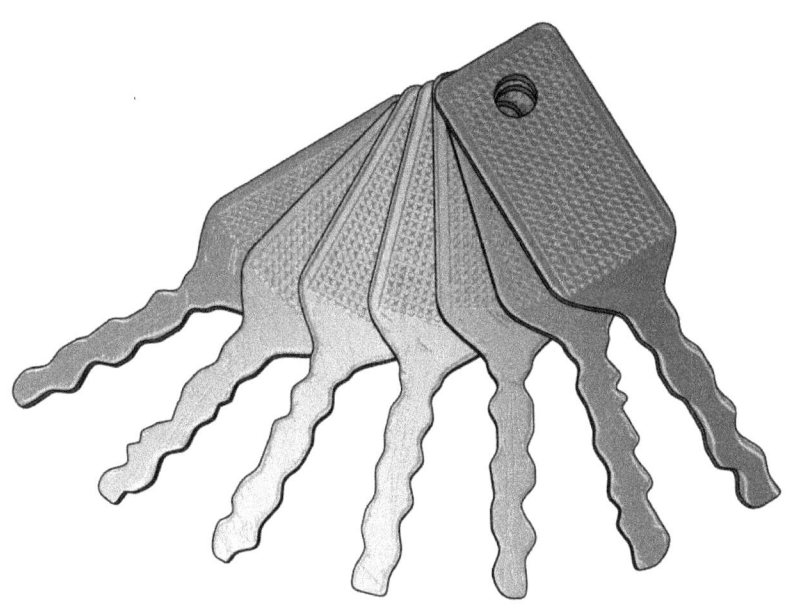

Llaves de prueba

profundidad media entre dos alturas oficiales y funciona para cualquiera de las dos en la cerradura. Así se reducen drásticamente las combinaciones posibles. De hecho, antes de 1968, un conjunto adecuado de solo 64 llaves de prueba podía abrir cualquier cerradura de los vehículos de GM. El concepto es simple: inserte la llave jiggler y pruébela. Menéela y muévala hacia arriba y hacia abajo mientras trata de hacerla girar con un poco de fuerza. Si no funciona, siga con la próxima. Si esa no funciona, pruebe con la próxima. Intente con varias llaves de prueba. La probabilidad de éxito varía y depende del tipo y de la calidad de la cerradura, de las formas de las llaves, de la cantidad de llaves que tenga, de cómo las mueva, de su experiencia y de su suerte.

Con cierta experiencia verá que, en general, las cerraduras de cilindro de discos son más fáciles de falsear que las de tambor de pines. Recuerde que los discos pueden ser mucho más delgados y estar más próximos que los pernos. Por eso, puede ser más difícil levantar los discos individuales sin interferir con los vecinos; sin embargo, el uso de ganzúas que se puedan mover con mayor facilidad de disco a disco facilita mucho el rastrillado.

Cerradura de cilindro de discos — Cómo falsearlas

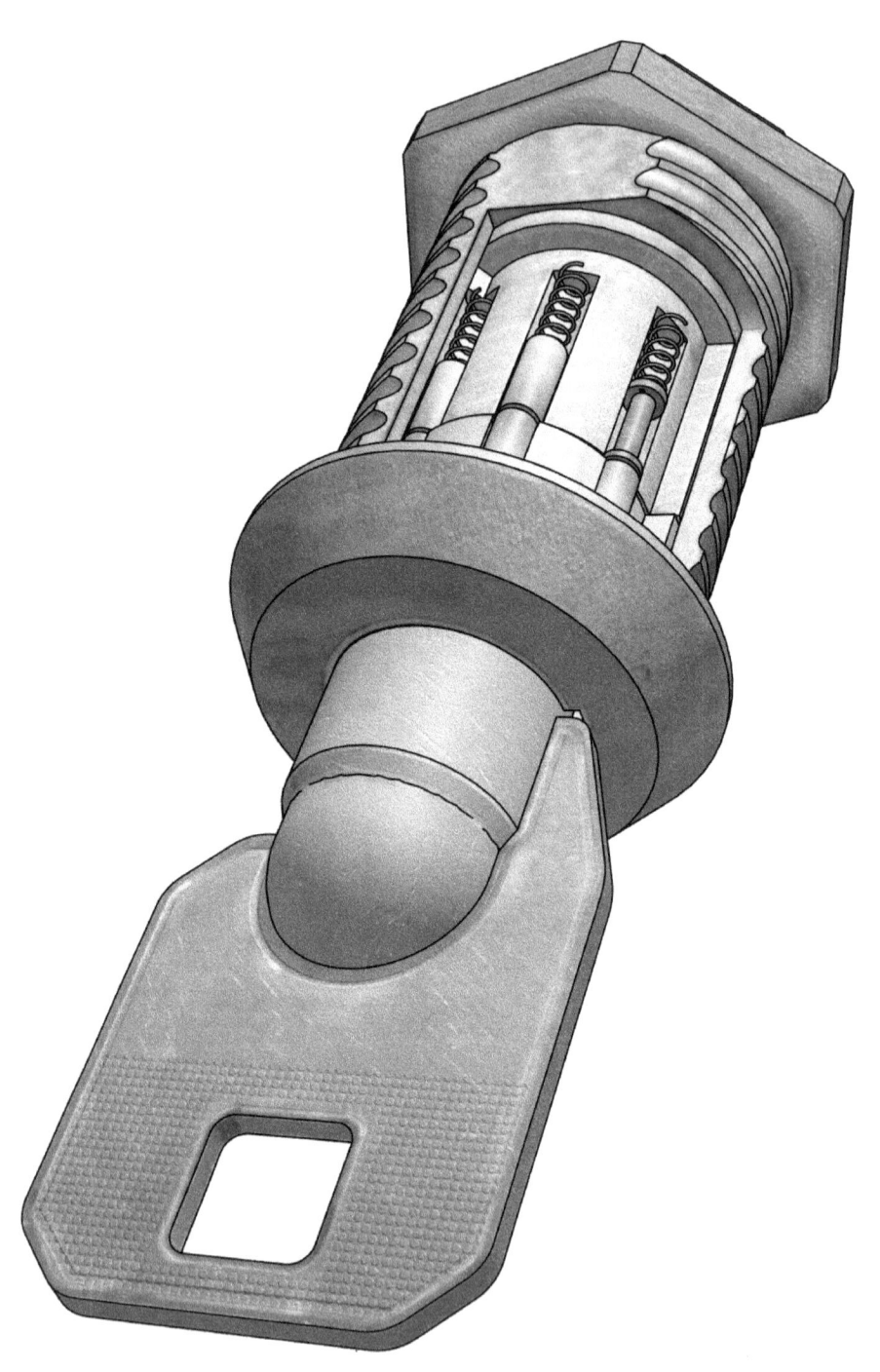

5

Cerraduras tubulares

Cerraduras tubulares

La invención de las *cerraduras tubulares* significó un gran avance frente al diseño de las cerraduras tradicionales de tambor de pines. A comienzos de la década del '30, cuando se extendió la Gran Depresión, las cerraduras de tambor de pines eran comunes y se encontraban con frecuencia en las máquinas expendedoras para uso público operadas con monedas para uso público. Junto con la Depresión llegó la desesperación y las técnicas de falseo de cerraduras se volvieron populares entre los ladrones. En esta época, una pequeña empresa de Chicago desarrolló las cerraduras tubulares y obtuvo la patente en 1934. Inicialmente vendían sus cerraduras para las aplicaciones de alta seguridad que necesitaban desesperadamente cerraduras superiores. Desde entonces se han vuelto un lugar común en las máquinas expendedoras y las cerraduras portátiles en las áreas propensas a los robos, por su resistencia al falseo amateur.

Las cerraduras tubulares utilizan esencialmente los mismos principios básicos que las de tambor de pines, pero su disposición de pernos y llaves es diferente. Como las cerraduras tubulares son tan similares a las de tambor de pines, en teoría se podrían utilizar técnicas similares para falsearlas. Sin embargo, en la realidad, su bocallave y su distribución de pernos dificulta mucho el uso de las mismas herramientas. Además, por su diseño, las cerraduras tubulares se vuelven a trabar cada 1/8 de vuelta. Una vez que se han ganzuado con éxito todos los pernos y comienza a rotar el cilindro interior, gira levemente y luego se traba en una nueva posición, por lo que resulta muy frustrante. Es necesario volver a ganzuar todos los pernos y repetir el proceso completo siete u ocho veces. Una advertencia antes de intentarlo: muchas cerraduras no permiten insertar la verdadera llave cuando el eje está girado en una posición intermedia. Esto significa que se debe falsear la cerradura por completo hasta la posición abierta o totalmente cerrada para que vuelva a funcionar con normalidad. Las cerraduras tubulares fueron consideradas como cerraduras de muy alta seguridad; hasta que un día el falseo de cerraduras tubulares se volvió accesible. Con la llegada de las ganzúas tubulares, la tarea de violar una cerradura tubular se volvió una empresa mucho más rápida y sencilla. Desde que existen herramientas eficaces para falsear, la carrera entre los fabricantes de cerraduras y la industria del falseo de cerraduras no tiene fin. Con un poco de pericia, las

Cerraduras tubulares Cómo funcionan

herramientas adecuadas y mucha práctica, se pueden abrir muchas de las cerraduras tubulares en uso.

Por favor, repase los capítulos anteriores sobre tambores de pines antes de avanzar en este capítulo. Las cerraduras tubulares están construidas con los mismos conceptos expuestos para las de tambor de pines.

Cómo funcionan

Como siempre, antes de apresurarnos a aprender las técnicas de apertura, es útil familiarizarse con la forma cómo funcionan las cerraduras que intentamos falsear. Primero, vamos a familiarizarnos con los nombres y ubicaciones de las piezas que componen este tipo de cerradura.

Observe esta vista lateral recortada; hay dos pernos y un resorte en cada columna de pernos. Esto es exactamente igual que en la cerradura de tambor de pines descrita en el capítulo 2. Las cerraduras tubulares funcionan de una manera muy similar a las tradicionales de tambor de pines. Resulta

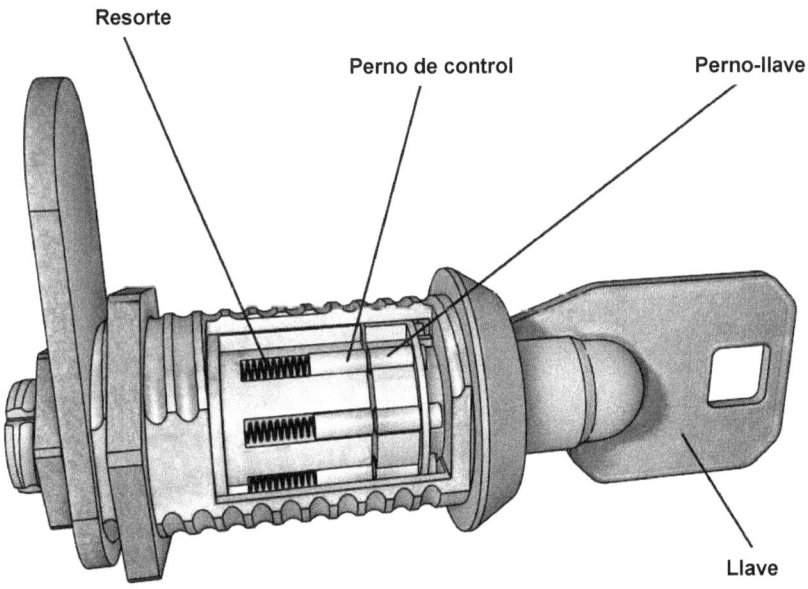

Partes de la cerradura tubular

confuso que el nombre convencional para los pernos que tocan la llave en la cerradura tubular sea pernos superiores, mientras que en las cerraduras estándar de tambor de pines los pernos superiores tocan el resorte y no la llave. Vamos a llamar a los

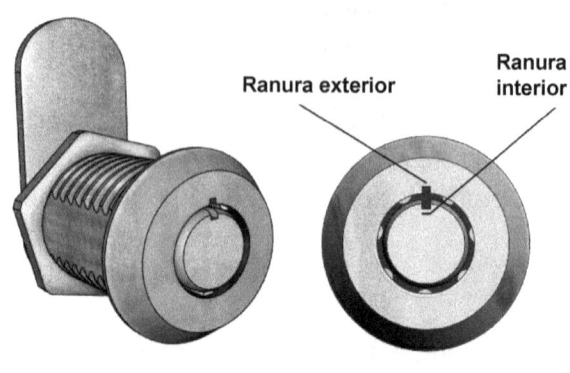

Bocallave de cerradura tubular

pernos superiores de la cerradura tubular *pernos-llave*, por simplicidad. Los pernos que tocan el resorte serán llamados *pernos de control*. Le ayudará recordar los nombres de los pernos de la cerradura tubular para las siguientes explicaciones.

La teoría en las cerraduras tubulares es esencialmente la misma que en las de tambor de pines. La separación entre los pernos-llave y los pernos de control se debe mover hasta la línea de corte para permitir que se separen y el cilindro gire. La diferencia principal es que las columnas de pernos están dispuestas en un círculo con todos los pernos-llave de cara al exterior, en vez de estar alineadas en una fila que avanza hasta el fondo de la cerradura. Por esta razón, en lugar de una llave larga con muescas de diferentes profundidades, se utiliza una llave redonda con muescas de diferentes profundidades. Las muescas se ubican a intervalos regulares alrededor de la circunferencia de la llave. Cuando se inserta la

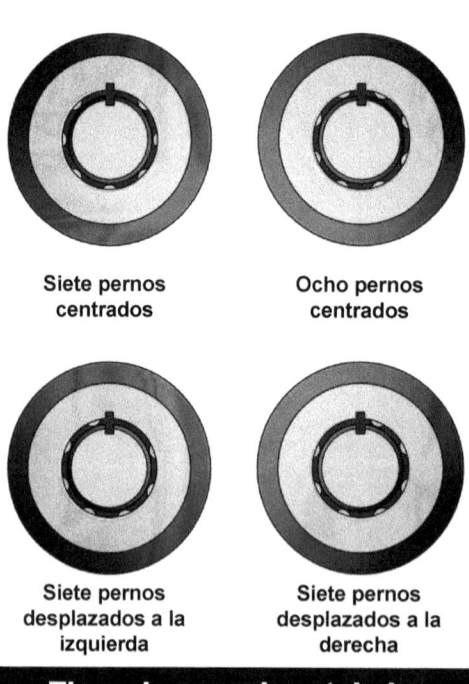

Tipos de cerradura tubular

Cerraduras tubulares Cómo funcionan

llave, todas las columnas de pernos se accionan simultáneamente. Al igual que en las cerraduras de tambor de pines, las profundidades de las muescas deben coincidir con los largos de los pernos-llave, para que el límite entre los pernos-llave y los de control se alinee con la línea de corte. Cuando todas las columnas de pernos están alineadas con la línea de corte, el cilindro interior puede rotar; ¡igual que en las cerraduras de tambor de pines! Si no lo ha hecho, le recomendamos que repase el capítulo de las cerraduras de tambor de pines que explica este concepto en detalle.

Ahora vamos a prestarle atención a la bocallave. Si mira dentro de la bocallave, verá una abertura redonda que, por lo general, tiene siete u ocho pernos distribuidos en forma pareja. No podrá ver la cara de los pernos completa. Esto se debe a que el frente de la cerradura los mantiene en su lugar e impide que los resortes los empujen hacia afuera. A pesar de que ahora hay muchos tipos diferentes, la gran mayoría de las cerraduras tubulares viene en una de estas cuatro variedades.

Como veremos más adelante, la distribución de los pernos determina cuál es la herramienta de apertura más adecuada.

Otras características del diseño de la cerradura que se deben tener en cuenta son los resaltes de la llave y las ranuras adicionales en la cerradura. El resalte interno de la llave calza dentro de la ranura interior de la cerradura. Y, como ya habrá adivinado, el resalte externo de la llave calza dentro de la ranura exterior de la cerradura. Cada resalte tiene su propio objetivo. El resalte interno provoca la rotación del cilindro interior cuando se gira la llave. Éste, a su vez, abre la cerradura. El resalte externo, por otra parte, garantiza que el usuario utilice la llave de manera correcta. Impide que se retire la llave, salvo que la cerradura esté en la posición completamente cerrada o completamente abierta. No es absolutamente necesario para que la cerradura funcione, pero

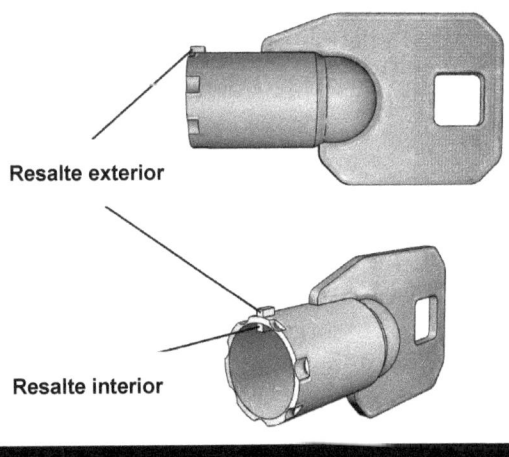

Llave de cerradura tubular

permite asegurarse de que nunca queda en una posición intermedia. Las herramientas de apertura disponibles tienen un resalte interior equivalente, pero carecen de resalte exterior. El resalte exterior obliga al usuario a insertar la llave en una determinada orientación e impide que el usuario retire la llave hasta completar una rotación, o hasta que se llegue a otra ranura exterior. Muchas cerraduras tienen una sola ranura exterior y necesitan una vuelta completa para cerrar o abrir. Otras tienen dos ranuras exteriores y solo se necesita girar la llave desde una ranura hasta la otra. Otro tipo de cerradura solo tiene una ranura, pero aún así necesita solo un giro parcial para abrirse. No se puede sacar la llave de la cerradura cuando está abierta. Si por alguna razón se lima el resalte exterior de la llave, se podría insertar la llave, dar media vuelta y retirarla. Un cilindro interior girado a medias solo está ganzuado a medias. Los pernos-llave se alinean exactamente sobre los pernos de control cada 1/8 o 1/7 de vuelta, según la cantidad de columnas de pernos que haya. Tan pronto como esto sucede, los pernos de control saltan sobre la línea de corte y de ese modo bloquean la rotación y vuelven a trabar el cilindro en el lugar.

Cómo falsearlas

Las primeras herramientas que los cerrajeros usaron para falsear las cerraduras tubulares funcionaban con principios similares al rastrillado. Los fabricantes de cerraduras se pusieron al día y rápidamente implementaron medidas defensivas. Actualmente, para poder violar exitosamente muchas cerraduras tubulares se deben aplicar herramientas que trabajan sobre la base de ganzuar las columnas de pernos por separado. Primero cubriremos el método de rastrillado y luego introduciremos las herramientas, técnicas

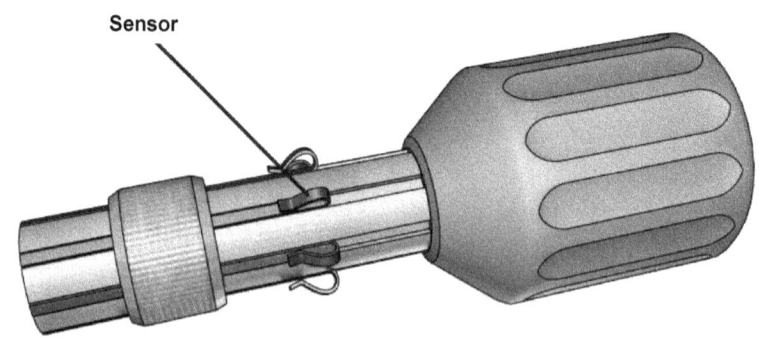

Ganzúa tubular

Cerraduras tubulares Cómo falsearlas   99

y medidas defensivas más avanzadas que se han desarrollado. Recuerde que las cerraduras tubulares fueron diseñadas para brindar más seguridad que las de tambor de pines. Por eso, es de esperarse que sean mucho más difíciles de falsear que los cerrojos comunes. Adquirir el tacto adecuado lleva tiempo y muchísima práctica. Lea y comprenda todos los conceptos antes de intentarlo.

También es más difícil falsear las cerraduras tubulares que las tradicionales porque las herramientas son altamente especializadas, más caras y más difíciles de improvisar. Las herramientas se ofrecen en una amplia variedad de estilos. Abarcan desde dispositivos de precio mediano hasta otros muy complejos que parecen equipos quirúrgicos y cuestan como si lo fueran. Se debe usar una que coincida con el tamaño y la distribución de pernos de la cerradura a falsear. Sin importar lo avanzado que pueda ser el diseño de la cerradura tubular, se debe empezar por identificar la geometría de la cerradura antes de aplicar cualquier herramienta. Es habitual que las herramientas para falsear cerraduras tubulares tengan palancas que se pueden deslizar hacia adentro y hacia afuera. Estas palancas se llaman *sensores*. Las ganzúas

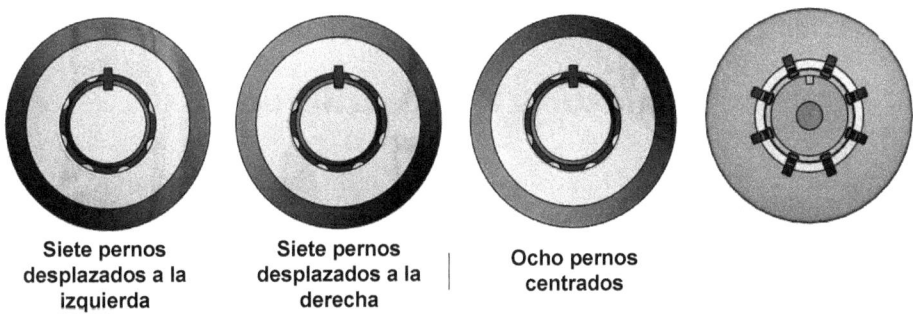

Siete pernos desplazados a la izquierda | Siete pernos desplazados a la derecha | Ocho pernos centrados

Tipos de cerradura que usan ganzúas de ocho sensores

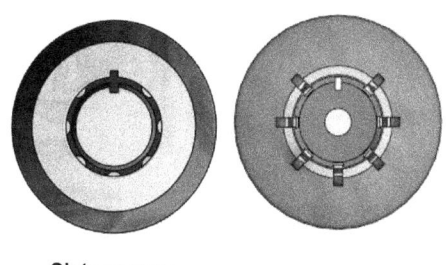

Siete pernos centrados

Ganzúa de siete sensores

tubulares más comunes tienen siete u ocho sensores distribuidos uniformemente.

Es sencillo determinar que herramienta utilizar: nada más mire el ojo de la cerradura. Las de siete pernos con desplazamiento a la izquierda, siete pernos con desplazamiento a la derecha y ocho pernos, comparten la misma geometría y se utiliza una ganzúa de ocho sensores. Es posible que se pregunte por qué querría utilizar una ganzúa de ocho sensores en una cerradura de siete pernos. Los sensores se deben alinear exactamente sobre los pernos. En los casos de siete pernos con desplazamiento a la izquierda y a la derecha, los siete pernos están dispuestos como si hubiesen ocho pernos distribuidos uniformemente alrededor de la cerradura, excepto que falta el perno a la derecha o a la izquierda de la ranura exterior. La posición del sensor que corresponde al lugar vacío es irrelevante para falsear la cerradura.

Solo se utiliza una ganzúa de siete sensores para el tipo más común de siete pernos centrados.

Después de ganzuar con éxito una cerradura tubular utilizando una ganzúa tubular, muchas herramientas le permitirán bloquear los sensores en su lugar. Al terminar, los sensores quedan en las posiciones que reflejan las profundidades de corte de las muescas de la llave real. La ganzúa se puede usar entonces igual que una llave común. Incluso es posible utilizar herramientas adicionales para leer la posición de los sensores bloqueados en la ganzúa y cortar una llave nueva para esa cerradura.

Método de rastrillado

La técnica de rastrillado tiene una ventaja porque no es necesario manipular cada sensor individualmente. Pero debe saber que muchas cerraduras modernas implementan medidas defensivas que impiden el funcionamiento de la técnica de rastrillado. No se sorprenda, entonces, si muchas cerraduras no se abren cuando pruebe este método.

El primer paso es alinear los sensores contra la punta de la ganzúa. Solo empuje los sensores hacia afuera del extremo de la ganzúa, luego sostenga la herramienta y empújela sobre una superficie plana de modo que todos los sensores queden al ras de la punta de la ganzúa.

Una vez que los sensores estén correctamente posicionados, empuje la ganzúa hasta el fondo de la cerradura. Asegúrese de que la herramienta se mantenga completamente alineada con la cerradura mientras la empuja. No

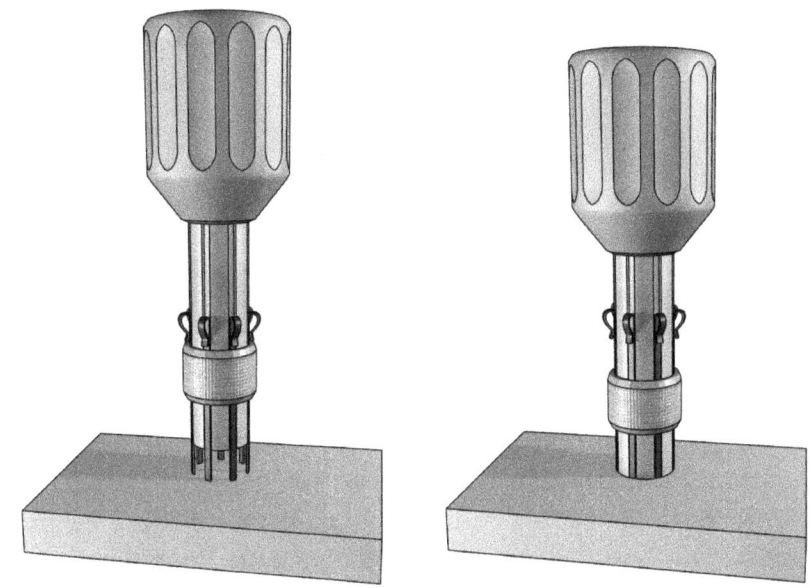

Empuje los sensores contra una superficie plana

incline la ganzúa; conserve la alineación con la cerradura durante todo el proceso.

Si inclina la ganzúa, probablemente no tenga éxito. Imagine que está muy cerca de tener todos los sensores colocados a las profundidades adecuadas. Casi todos los pernos-llave están apoyados en la línea de corte y casi todos los sensores están colocados a la altura correcta. Si inclina la ganzúa hacia un lado, algunos de los sensores serán empujados más allá por los pernos-llave que están colocados y apoyados en la línea de corte. Cuando vuelva a enderezar la ganzúa, los sensores estarán colocados de tal modo que ya no reflejan el corte de la llave con precisión. Si ya colocó todos los pernos e inclina la ganzúa al rotarla, cuando gire la ganzúa 1/7 o 1/8 del recorrido, los resortes empujarán los pernos-llave hacia afuera. Si esto sucede, está frente a una cerradura atascada en una posición intermedia. No se puede insertar la llave correcta a causa de la muesca exterior. Deberá comenzar de nuevo y volver a ganzuarla, pero esta vez tenga cuidado de no inclinar la herramienta.

Una vez que inserte la ganzúa dentro de la cerradura, debe controlar la ganzúa con movimientos medidos y delicados. El manejo correcto de la

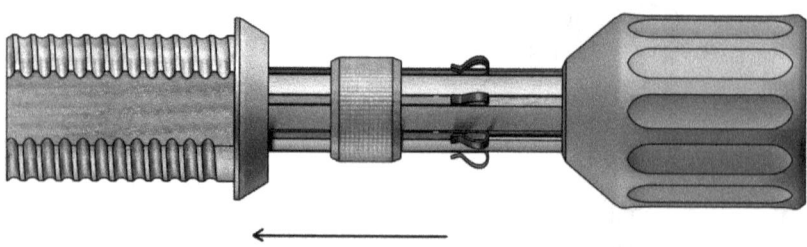

Inserte la ganzúa derecha en la cerradura

ganzúa es crucial para el éxito de la apertura. Es una habilidad difícil de aprender, pero no pierda las esperanzas. No se trata de tomar la ganzúa y blandirla como si fuese a apuñalar a alguien. En cambio, se debe sostener el mango como si fuese a escribir algo con un bolígrafo muy grande. Después de haber insertado la ganzúa en la cerradura, debe empujar ligeramente la ganzúa hacia adentro y afuera de la cerradura entre un milímetro y medio hasta unos tres milímetros. Mientras empuja la ganzúa hacia adentro y hacia afuera, recuerde que debe mantener la ganzúa alineada con la cerradura. El truco es que debe aplicar siempre una ligera tensión de rotación sobre la ganzúa, como si intentara girar la llave. Expondremos esto con más detalle después de explicar la fuerza del resorte. La presión de rotación crea un esfuerzo de torque dentro del cilindro, como lo hacía la herramienta de tensión al trabajar con las cerraduras normales de tambor de pines. Después

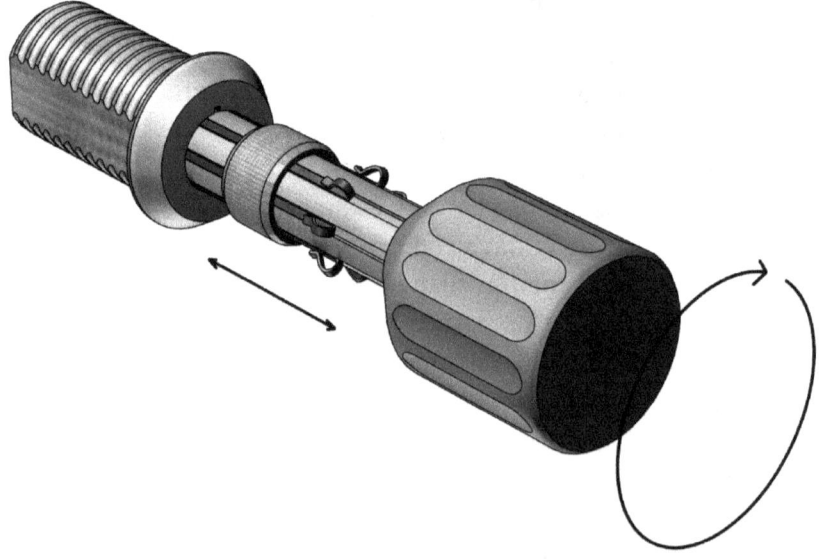

Deslice adentro y afuera mientras aplica torque

Cerraduras tubulares   Cómo rastrillarlas   103

de varias veces de empujar la ganzúa hacia adentro y hacia afuera, la cerradura debe abrirse. Muchas cerraduras tienen medidas defensivas para que el trabajo no sea tan simple. Sin embargo, las cerraduras baratas o viejas se pueden abrir bastante rápido.

Las diferentes cerraduras tienen diferentes tipos de resortes. De hecho, las cerraduras modernas tienen varios tipos diferentes de resortes en una misma cerradura. Si los sensores se deslizan con facilidad hacia adentro y hacia afuera de la ganzúa y los resortes de la cerradura son muy fuertes, no podrá utilizar la ganzúa tal como es. Deberá ajustar los sensores para que sean más difíciles de deslizar. Muchas herramientas son ajustables y se pueden apretar con una vuelta de tuerca, una llave Allen o algún otro medio. A veces tendrá que improvisar y apretar la herramienta con un par de bandas elásticas alrededor de los sensores.

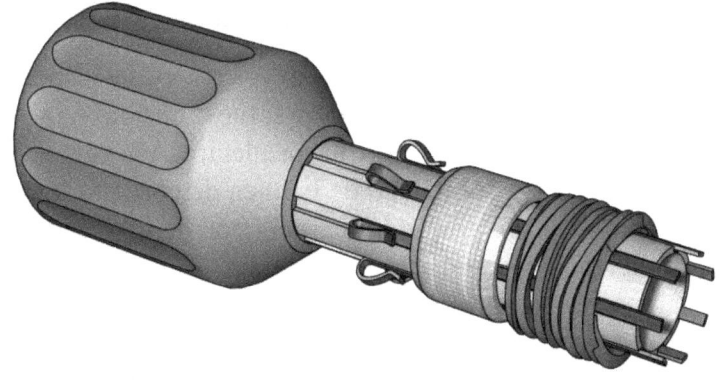

Aumente la tensión de los sensores, si es necesario

Por otro lado, si los sensores son muy difíciles de deslizar, empujarán los pernos-llave más allá de la línea de corte e impedirán el rastrillado. Los sensores deben ser suficientemente fuertes para vencer el resorte, sin impedir el movimiento y la colocación de los pernos. La facilidad con la que los sensores se deslizan hacia a dentro y hacia afuera debe ser proporcional a la fuerza de los resortes. Puede comprobar la fuerza de los resortes con una ganzúa. Simplemente presione la punta de la ganzúa contra la parte expuesta del perno-llave dentro de la cerradura tubular. Cuando presiona el perno-llave, está presionando efectivamente contra el perno y puede sentir la fuerza del resorte contra la base de la columna de pernos. Cuanto más fuerte sea el resorte, más difíciles de mover deben ser los sensores.

Compruebe la fuerza de cada resorte. Si todos los resortes tiene más o menos la misma fuerza, la cerradura se puede abrir con la técnica de rastrillado. Sin embargo, si los resortes tienen fuerzas sensiblemente diferentes, serán necesarias otras herramientas y otras técnicas.

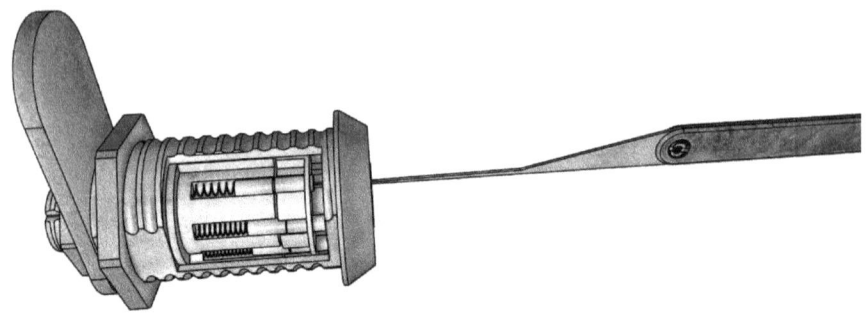

Pruebe la fuerza de los diversos resortes

Veamos por qué es tan importante la fuerza de los resortes. Cuando empuja la ganzúa hacia adentro de la cerradura, como si fuese una llave en bruto, los sensores deben empujar los pernos-llave hacia adentro. A la vez, se empujan todos los pernos de control por debajo de la línea de corte. Si los sensores se pueden deslizar hacia adentro o hacia afuera con demasiada facilidad y el resorte tiene fuerza suficiente, esto no funciona. En cambio, los resortes empujan los pernos de control y los pernos llave y deslizan los sensores hacia atrás hasta que la ganzúa parece una llave con los cortes más profundos. Si los sensores se deslizan con mucha rigidez, no se podrán colocar los pernos. Los movimientos posteriores de la ganzúa no lograrán nada más que hacerle perder el tiempo. Se necesita aumentar o disminuir la resistencia de los sensores. Una vez que los sensores estén correctamente ajustados, tiene posibilidades de éxito. Si los resortes tienen fuerzas diferentes, pase a la siguiente sección que describe la manipulación individual de los pernos.

Cuando hayamos comprobado que las fuerzas de los resortes son adecuadas, podremos empezar a rastrillar la cerradura. No aplique torque en el momento de insertar la ganzúa. Deslícela hasta el fondo, derecha, sin rotarla. Una vez adentro, puede aplicar una ligera fuerza de rotación y deslizar la herramienta hacia adentro y hacia afuera. No debe moverla completamente hasta afuera cada vez, esto solo dificultaría más las cosas. En cambio, deslícela solo hasta el mayor largo posible del perno-llave o la mayor profundidad de la muesca. Continúe aplicando la tensión de rotación todo el tiempo, con la precaución de no girar con una fuerza excesiva pero tampoco insuficiente. La tensión de rotación hará que una columna de pernos se trabe, al igual que en las cerraduras de tambor de pines. Si la tensión de rotación es adecuada, podrá empujar el perno trabado hacia adentro de la cerradura con el sensor y el resorte lo podrá empujar hacia afuera. Se preguntará cuál es el objetivo de esta tensión de rotación leve si los pernos aún se pueden mover. A medida que desliza la herramienta hacia atrás, el perno-llave trabado cruza completamente la línea de corte y queda de un lado, por lo que la tensión de rotación hará que el cilindro interno gire un poco. En este momento, el cilindro de la cerradura mantendrá el perno de control en su lugar. El borde del agujero que se desplazó ligeramente cuando giró el cilindro no permite el movimiento del perno.

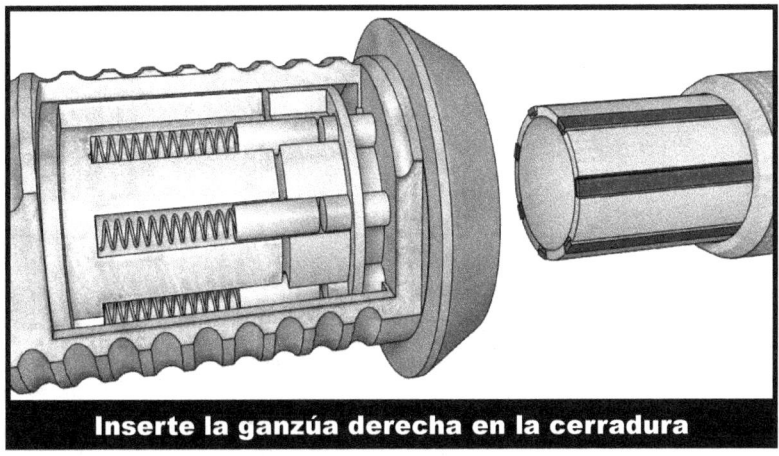

Inserte la ganzúa derecha en la cerradura

La columna de pernos está colocada. Como el perno-llave no puede introducirse más adentro en la cerradura, resiste y empuja el sensor hacia atrás. Cuando se empuja la ganzúa nuevamente hacia adentro, el perno-llave hace que el sensor de esa columna de pernos se deslice hacia atrás mientras que la herramienta avanza hasta el fondo.

Antes de colocar la columna, el sensor empujaba contra los pernos y el resorte. La resistencia del sensor era suficiente para mover el resorte, pero ahora el sensor empuja contra el perno-llave que está colocado y se apoya en la línea de corte. La resistencia del sensor no debe ser capaz de oponerse a esta conexión sólida y el sensor retrocede. Cuando la ganzúa se empuja hasta el fondo de la cerradura, ¡el sensor retrocede exactamente la longitud

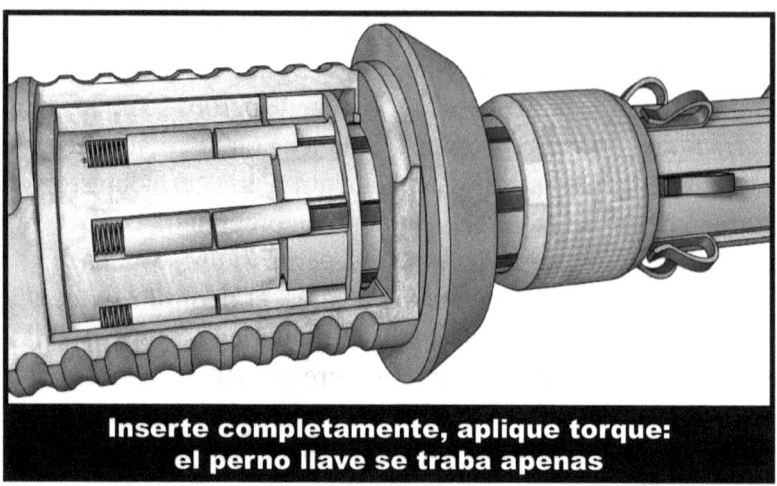

Inserte completamente, aplique torque: el perno llave se traba apenas

del perno-llave! Si los sensores son muy difíciles de mover, es posible que empuje el perno-llave hacia atrás de la línea de corte y la cerradura gire ligeramente hacia atrás. Por eso es tan importante que la resistencia de los sensores sea la correcta. Simplemente, repita este proceso hasta que se hayan colocado todos los pernos y la cerradura gire. A medida que se coloca una columna de pernos, la siguiente se traba.

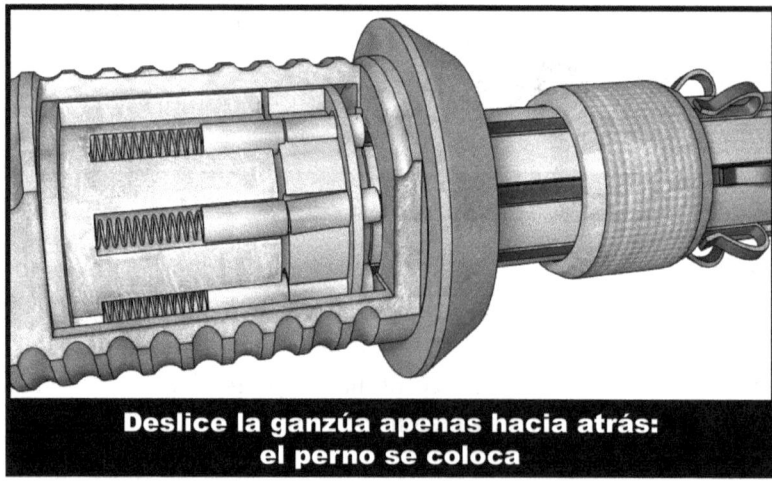

Deslice la ganzúa apenas hacia atrás: el perno se coloca

Como puede ver, los sensores no deben ser demasiado fáciles de mover porque los resortes los podrían empujar hacia arriba. Tampoco pueden ser demasiado difíciles de mover, porque podrían superar la tensión de rotación y empujar los pernos ya colocados más allá de la línea de corte. Por lo tanto, la fuerza de los sensores debe ser proporcional a la fuerza de los resortes.

Cerraduras tubulares — Cómo rastrillarlas

Su ganzúa probablemente tenga algún mecanismo destinado a aumentar la resistencia de los sensores. La herramienta del ejemplo tiene un anillo de bronce alrededor de los sensores.

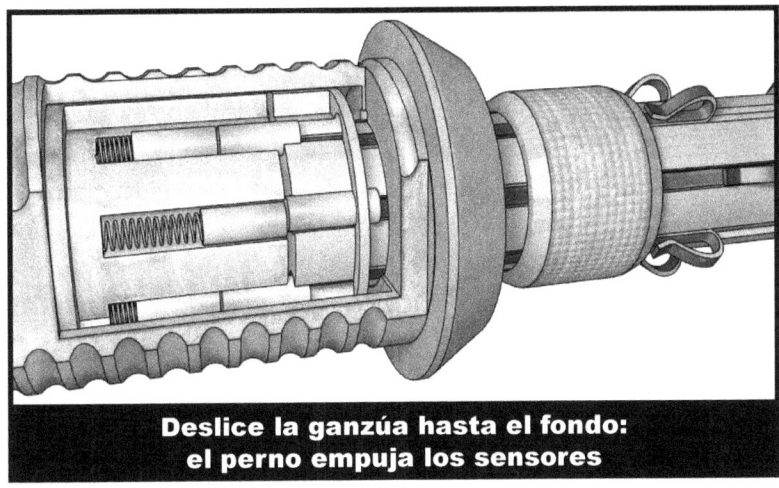

Deslice la ganzúa hasta el fondo: el perno empuja los sensores

Debajo de este anillo de bronce hay un anillo tórico de goma que controla el deslizamiento hacia adentro y hacia afuera de los sensores. Los anillos tóricos se eligen especialmente para presionar los sensores en la medida justa para que funcionen en la mayoría de las cerraduras. Si agrega bandas elásticas alrededor de los sensores, los comprimirá más. Las bandas elásticas se pueden aplicar uniformemente sobre todos los sensores, o se pueden deslizar para ejercer una fricción irregular. Si esto es un problema se necesita una herramienta más sofisticada.

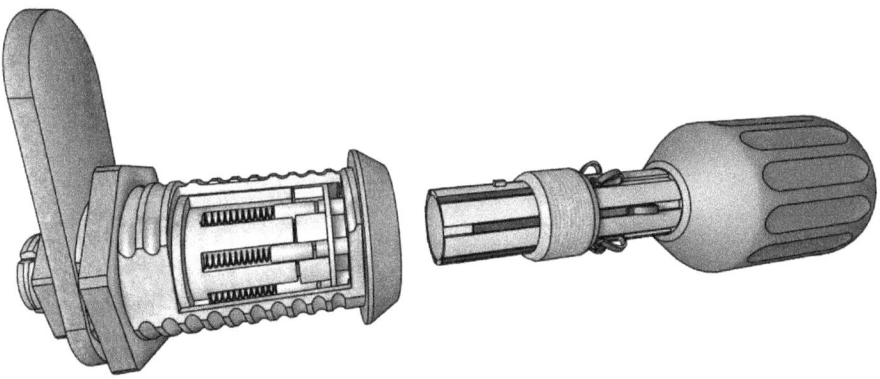

Ejemplo con un sensor colocado. Coloque todos los sensores antes de retirarla

Para impedir el uso de esta técnica de rastrillado, mucha cerraduras tienen resortes con fuerzas diferentes en cada columna de pernos. Es muy difícil aplicar la técnica de rastrillado en cerraduras tubulares con resortes de fuerzas diferentes, porque no es posible aplicar presión a cada sensor por separado. Aunque tenga una herramienta con resistencias variables para cada sensor, debería variar la tensión de rotación proporcionalmente a la fuerza el resorte de la columna de pernos que está trabada en cada momento. Recuerde, debe aplicar una tensión de rotación suficiente para que el perno-llave se enganche en el borde del agujero y se coloque correctamente, pero no tanta que el resorte no empuje el perno otra vez hacia arriba cuando la herramienta se retira de la cerradura. Es muy difícil variar la tensión de rotación de acuerdo a la fuerza del resorte de cada columna de pernos trabada, porque debería saber cuál es la columna de pernos que está trabada y conocer la fuerza de ese resorte en particular. Por eso es probable que deba aplicar la técnica de manipulación individual de los pernos que se describe en la sección siguiente.

Manipulación individual de pernos

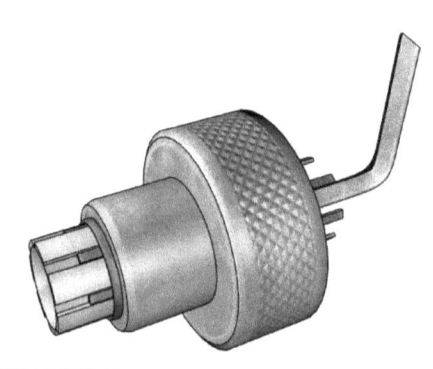

Eleve todos los sensores

La manipulación individual de pernos es un método nuevo y más eficaz de apertura que funciona en la mayoría de las cerraduras tubulares modernas. Este método requiere herramientas y técnicas propias. Asegúrese de conseguir ganzúas que establezcan claramente que son adecuadas para la manipulación individual de los pernos. Si le preocupa tener que comprar además otra herramienta, quédese tranquilo, porque casi todas la herramientas para manipulación individual de pernos también pueden realizar la técnica de rastrillado presentada más arriba.

Las ganzúas para manipulación individual de pernos tienen un aspecto muy similar, aunque ligeramente diferente al de las herramientas más baratas y menos eficaces que resultan suficientes para el rastrillado. La ganzúa de ejemplo que se ilustra más arriba necesita en realidad una llave Allen para

Cerraduras tubulares Manipulación individual de pernos

funcionar correctamente. La llave Allen se usa para controlar la tensión de los sensores y para manipular los sensores que se deslizan hacia adentro y hacia afuera. Los principios del ganzuado de cerraduras tubulares por medio de la manipulación individual de los pernos son muy similares a los del ganzuado de cerraduras de tambor de pines.

Al comenzar, a diferencia del rastrillado de las cerraduras tubulares, debe levantar todos los sensores para que cuando inserte la ganzúa ninguno de ellos toque los pernos-llave.

Ahora inserte la ganzúa y aplique un poco de tensión de rotación en la dirección que gira la llave para abrir la cerradura. La mayoría de las ce-

Inserte la ganzúa derecha en la cerradura

Aplique torque para trabar un contraperno

Primer perno colocado

rraduras tubulares gira en sentido horario cuando se abre. Cuando aplique la tensión adecuada, una de las columnas de pernos se trabará. Todos los pernos de control se elevan por encima de la línea de corte, cruzando el límite. Fíjese que en el método de rastrillado eran los pernos-llave los que se trababan. En el método de manipulación individual de pernos, son los pernos de control los que se traban. Uno de los pernos de control será el primero en trabarse; su trabajo es descubrir cuál. Es sencillo, solo baje los sensores hacia la columna de pernos correspondiente, uno por uno. Comience con el sensor más próximo al resalte interno y luego avance en sentido horario. Empuje cada sensor hasta que el perno de control atraviese la línea de corte. Si ésta es la columna de pernos que está trabada, cuando el perno de control atraviese la línea de corte, la columna quedará colocada. Percibirá que la ganzúa gira muy levemente y es posible que oiga o perciba un clic. Si no percibe ni oye nada, esta columna no debe estar trabada. Si se mueve con libertad, como si solo el resorte opusiera resistencia, es otra la columna trabada o no está aplicando la suficiente fuerza de rotación.

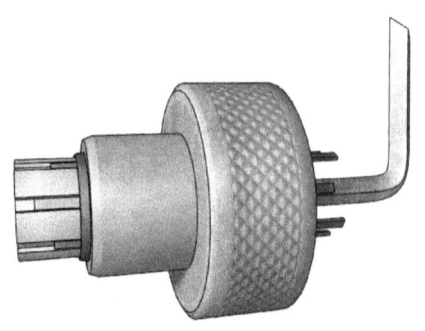

Eleve todos los sensores

Por otro lado, si tanto esta columna de pernos como las otras son difíciles de empujar, es posible que esté aplicando una tensión excesiva. En cuanto sospeche que ha colocado una columna de pernos retire la ganzúa de la cerradura. Observe el sensor. Si el sensor está justo en la punta de la ganzúa o apenas por debajo, es probable que no haya colocado esa columna de pernos. Cuando descubra cuál es la columna que se colocó primero, anótela.

La cerradura ha comenzado a revelar sus secretos; ya sabe qué columna se coloca primero. Para resetear la herramienta levante todos los sensores otra vez, menos el correspondiente a la primera columna de pernos. Ahora debe encontrar la segunda columna de pernos trabada y anotarla. Después de colocar la segunda columna de pernos, debe resetear los sensores excepto los correspondientes a la primera y la segunda columna de pernos ya colocadas. Repita este procedimiento hasta que sepa el orden en el que se colocan todas las columnas de pernos. Cuando lo sepa, sabrá en qué secuencia debe presionar los sensores para abrir la cerradura.

Finalmente es el momento de abrir la cerradura. Inserte completamente la herramienta reseteada. Baje los sensores en el orden correcto y coloque cada columna de pernos. Cuando haya colocado el último, el cilindro interior comenzará a girar. Trate de detener el giro antes de completar 1/7 o 1/8 de vuelta. Si continúa girando, cada uno de los pernos-llave se alinea con el siguiente perno de control de la columna vecina, por lo que los pernos de control y los resortes los pueden empujar inadvertidamente. Ahora es un buen momento para apretar los sensores de la herramienta, si es posible.

Bocallave ganzuado, parcialmente girado

Después de abrir la cerradura

Después de abrir la cerradura, ya sea por rastrillado o por el método de manipulación individual de pernos, retire la herramienta. Una vez que extraiga la ganzúa, puede medir las alturas de los sensores. La mayoría de las ganzúas para cerraduras tubulares vienen con una *herramienta decodificadora* para hacer esto. Suele tener el aspecto de una llave recta con muescas grandes y planas de profundidad en aumento. Cada muesca está numerada. Alinee los sensores con la herramienta y fíjese qué profundidades de muescas les corresponden. Ese número representa la profundidad de la muesca en esa posición de la llave. Asegúrese de no mover los sensores mientras los mide. Cuando haya medido la altura a la que fue llevado cada sensor, podrá crear una llave para esa cerradura. A pesar de que es interesante

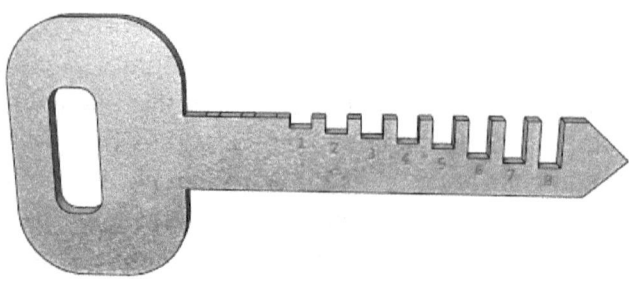

Decodificador tubular

hacer una llave real para la cerradura, esto requiere una máquina de cortar llaves tubulares y no es necesaria para abrir la cerradura. Simplemente debe inmovilizar los sensores sobre la ganzúa y puede utilizar la ganzúa misma como llave. Algunas ganzúas vienen con un tornillo pequeño en la parte superior que se puede girar para mantener todos los sensores en su lugar.

Cerraduras tubulares de alta seguridad.

Continúa la eterna lucha entre los fabricantes de cerraduras y los cerrajeros que las abren. Durante un tiempo, las cerraduras tubulares fueron consideradas como extremadamente seguras. Pronto se desarrollaron estas herramientas y técnicas de apertura. Los fabricantes de cerraduras, por supuesto, se dieron cuenta de esto y comenzaron a incorporar las características de los tambores de pines de alta seguridad a las cerraduras tubulares. Así como las cerraduras avanzadas de tambor de pines se pueden violar con técnicas sofisticadas, también es posible hacerlo con estas cerraduras tubulares de alta seguridad.

Los mismos pernos de hongo, de carrete y aserrados que explicamos en el capítulo sobre cerraduras avanzadas de tambor de pines aparecen en las cerraduras tubulares avanzadas. Los pernos de hongo y de carrete suelen reemplazar a los pernos de control. Resulta interesante darse cuenta de que si todos los pernos de control fueran sustituidos por pernos avanzados, el ganzuado se vería más afectado que la técnica de rastrillado. La razón es que el método de rastrillado intenta mantener los pernos de control por debajo de la línea de corte. El ganzuado individual de los pernos mueve cada perno de control más allá de la línea de corte mientras aplica una fuerza de rotación.

Cerraduras tubulares Alta seguridad 113

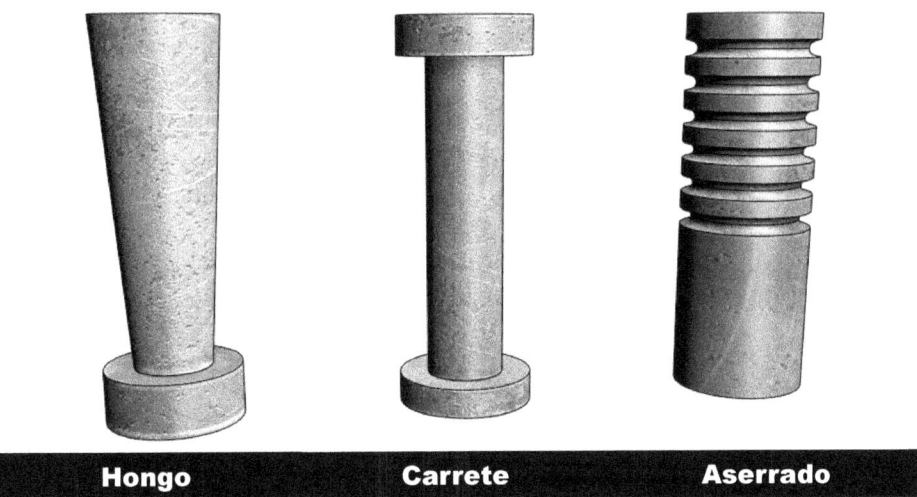

Hongo **Carrete** **Aserrado**

Esto significa que tienen muchas oportunidades para colocarse en falso. El método de rastrillado no aplica fuerza de rotación cuando se inserta la herramienta, por eso los pernos avanzados no se colocan en falso. Una vez que se comienza a aplicar fuerza de rotación y a retirar la herramienta, son los pernos-llave los que cruzan la línea de corte, no los pernos de control. Como en general son los pernos de control los que tienen características de seguridad extra, debería tener menos problemas. Por supuesto, si el perno-llave de la columna que está trabada es largo, será necesario retirar la herramienta al menos esa longitud. La siguiente columna que se trabe

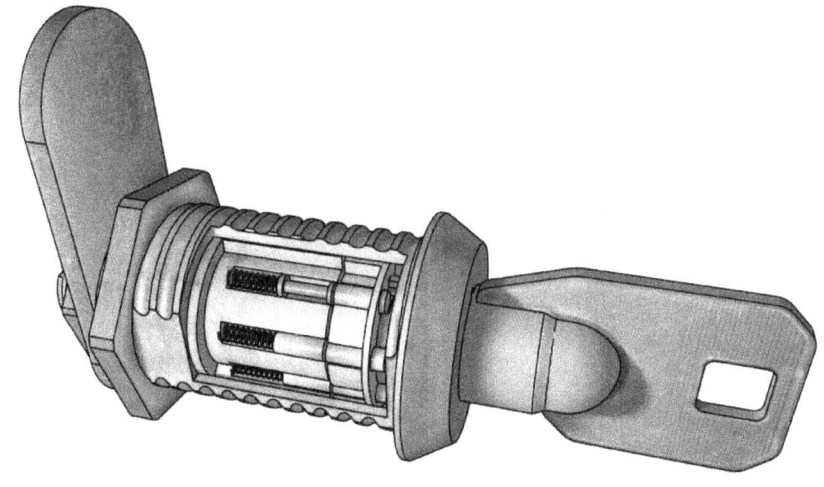

Cerradura tubular con perno de control de carrete

puede tener un perno-llave más corto. Si éste es el caso, este nuevo perno de control todavía puede colocarse en falso mientras lo empujan hacia atrás. Pero mientras los pernos avanzados no crucen la línea de corte no se pueden colocar en falso. Los que instalan los pernos modificados están obviamente preocupados sobre la seguridad y, por esta razón, siempre instalan resortes variables junto con los pernos avanzados.

Ya que es probable que solo unas pocas posiciones tengan pernos de hongo o de carrete, su primera tarea será identificar las ubicaciones de estas trampas. Simplemente ganzúe la cerradura hasta que presione sobre un sensor y perciba que la ganzúa quiere girar en dirección opuesta a la fuerza de rotación. Cuando encuentre esta situación puede estar frente a un perno de carrete o de hongo. En ese momento, libere un poco la tensión e intente seguir empujando el perno, igual que hizo al ganzuar cerraduras de tambor de pines con pernos de carrete o de hongo. El ganzuado de cerraduras tubulares tiene una ventaja distintiva frente al de las clásicas de tambor de pines cuando se trata de estos tipos de pernos. No necesita preocuparse de que los pernos se deslicen hacia atrás, a través de la línea de corte, cuando libera la tensión y gira la ganzúa ligeramente hacia atrás. No es necesario que usted gire la ganzúa hacia atrás, claro; simplemente al liberar la tensión se provoca el giro. Los sensores deben mantener todos los otros pernos en su lugar, mientras empuja el perno de hongo o de carrete más allá de la línea de corte y coloca la columna de pernos.

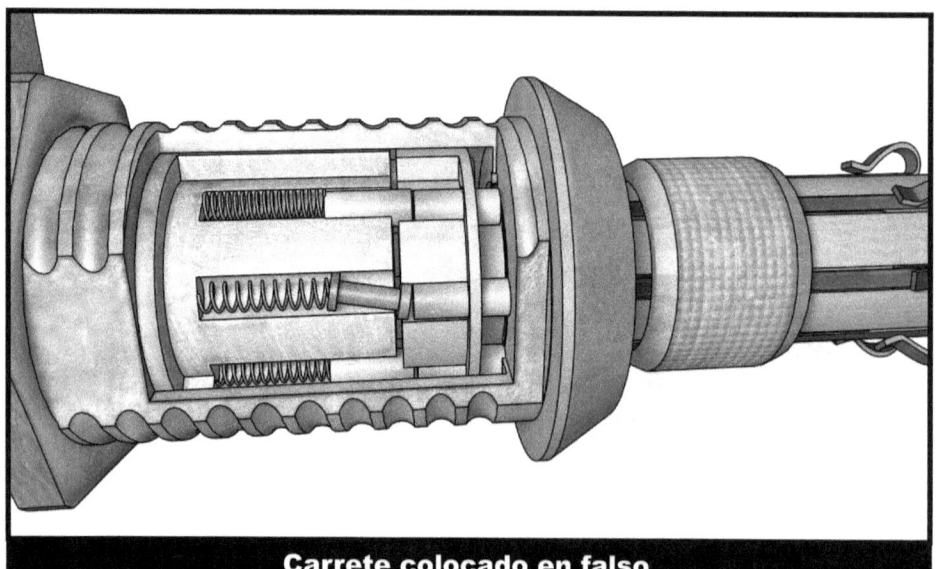

Carrete colocado en falso

Cerraduras tubulares Alta seguridad

Esta vez también, los pernos aserrados son un problema mayor que los pernos de hongo y de carrete. Los pernos aserrados se pueden encontrar tanto en lugar de los pernos-llave como de los pernos de control. Los pernos aserrados, cuando están instalados, pueden producir una colocación en falso muy convincente. Al empujar los pernos aserrados es posible que la ganzúa apenas gire en sentido contrario. Por eso, debe ser muy sensible al más sutil movimiento de la ganzúa. Afloje la fuerza de rotación y empuje hacia abajo la columna de pernos que sospeche que tiene un perno aserrado. Mientras empuja el sensor, debe percibir el giro de la ganzúa en dirección opuesta a la fuerza de rotación. Permita la rotación en sentido contrario. No se resista mucho, pero continúe aplicando algo de fuerza de rotación. Es un equilibrio muy delicado que requiere mucha experiencia para hacerlo bien. Luego, de repente, debe percibir que la ganzúa gira nuevamente en la dirección correcta de la fuerza de rotación. Es posible que deba repetir esta rotación en un sentido y en sentido contrario algunas veces para mover el perno a lo largo de las diferentes entalladuras. Es importante e increíblemente difícil saber saber cuál es el límite real entre el perno-llave y el perno de control. La colocación correcta habitualmente permite que la ganzúa gire hacia adelante un poco más de lo que permite una entalladura, pero esto es muy difícil de percibir. Deténgase cuando alcance el corte entre los pernos; de lo contrario, empujará el perno-llave por debajo de la línea de corte. Los pernos aserrados son muy difíciles y muchos cerrajeros son incapaces de ganzuarlos individualmente.

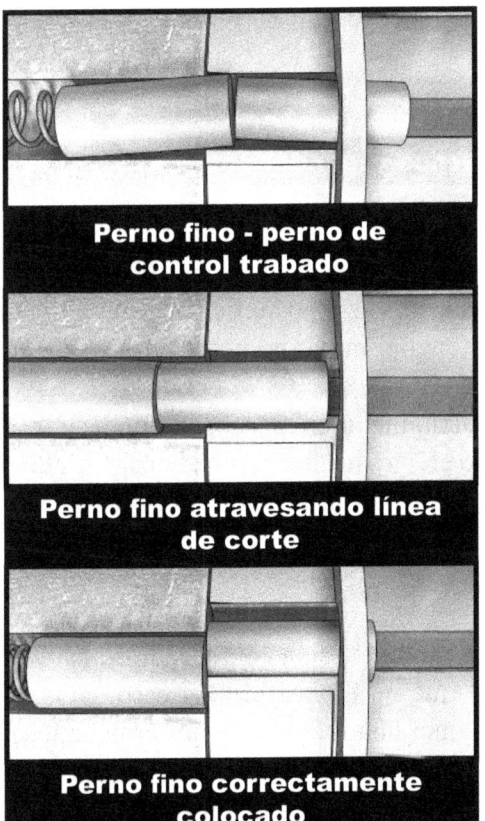

Perno fino - perno de control trabado

Perno fino atravesando línea de corte

Perno fino correctamente colocado

Otra medida defensiva efectiva son los *pernos-llave finos*. Con los pernos-llave finos es posible empujar los pernos de control por debajo de la línea de corte y colocar la columna de pernos, pero luego empujar con facilidad el perno-llave fino por debajo de la línea de corte y volver a trabar la cerradura. Cuando encuentre un perno-llave fino percibirá una sensación muy distinta mientras empuja el sensor. Cuando empuje sobre la columna de pernos trabada, percibirá mucha resistencia constante a medida que empuja el perno de control más grueso a través de la línea de corte y contra el resorte.

Luego, súbitamente, la ganzúa rota apenas. Es posible que escuche un clic y sentirá mucha menos resistencia. Si sigue empujando, rápidamente empujará el perno-llave por debajo de la línea de corte.

Si sucedió esto, solo puede intentar de alguna manera volver a tirar del sensor hacia arriba. Si logra retirar el sensor, el resorte podrá empujar el perno de control nuevamente hasta la línea de corte. Sin embargo, la práctica correcta es dejar de empujar por completo en cuanto perciba los indicado-

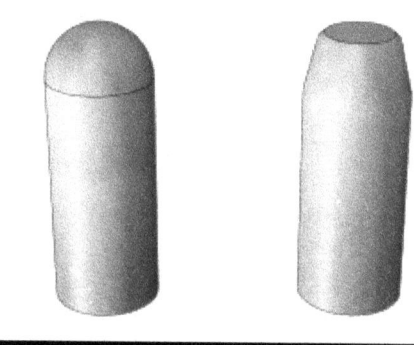
Pernos redondeados y cónicos

res de que la columna de pernos se ha colocado. Para hacer esto, debe controlar cuidadosamente cómo empuja los sensores. Lo mejor es tratar de empujar los sensores distancias pequeñas cada vez y no aumentar simplemente la presión sin estar preparado para detener el movimiento de los sensores.

Algunas veces los fabricantes también incluyen pernos redondeados o cónicos. Estos pueden lograr el mismo efecto que los pernos finos y también pueden deslizarse y atascarse por debajo de la línea de corte. Puede manejar estos pernos de la misma manera que cuando se encuentran en una cerradura tradicional de tambor de pines.

Los agujeros biselados para los pernos también están comenzado a aparecer en las cerraduras tubulares. Al igual que en el caso de las cerraduras de tambor de pines, los biseles proporcionan una medida de seguridad eficaz. Los biseles suelen estar exactamente por encima de la línea de corte y es posible que solo se hagan en algunos agujeros para agregar confusión.

Cerraduras tubulares Herramientas improvisadas

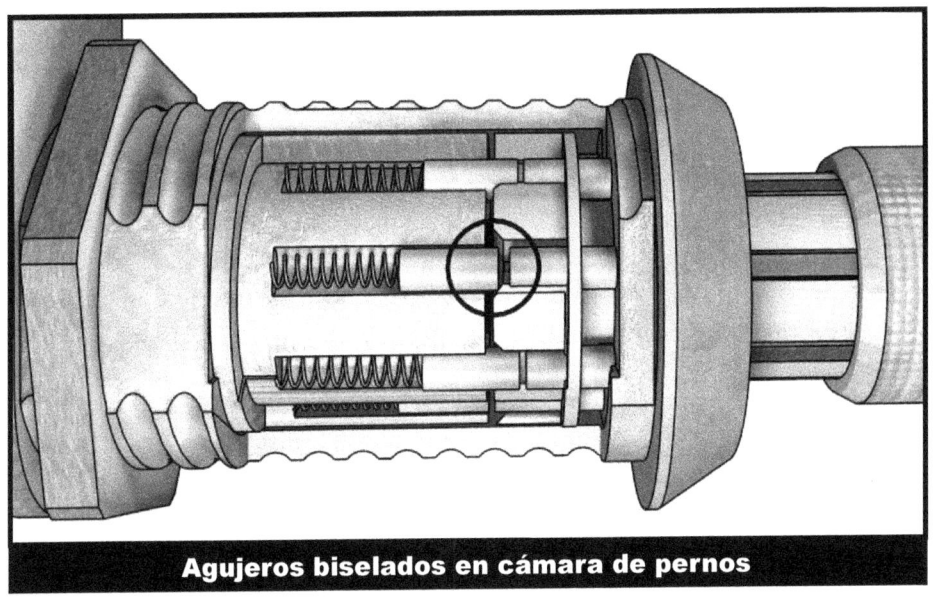

Agujeros biselados en cámara de pernos

Los biseles prolongan el proceso de apertura y de ese modo hacen las cerraduras más seguras. Cuando se encuentran biseles, puede ser necesario ganzuar la misma columna de pernos un par de veces. Imagine que la columna de pernos que está por empujar está trabada. La punta del perno de control estará apoyada en el bisel. Cuando empuja hacia abajo los pernos-llave y de control, el perno de control se desliza hacia abajo hasta una parte más ancha del bisel, esto permite que la ganzúa gire un poquito. Sin embargo, el giro de la cerradura asegura que se trabará otra columna de pernos y es necesario dejar de ganzuar la columna de pernos actual. Si no deja de empujar sobre el sensor, se arriesga a deslizar el perno-llave debajo de la línea de corte, en especial si el perno-llave es cónico, redondeado o fino. Cuando ganzúa una columna de pernos biselada al principio percibirá la resistencia del perno de control trabado y del resorte. Luego, de repente, justo cuando la cerradura gira apenas, se vuelve mucho más fácil empujar el sensor. Si cree que empujó el sensor demasiado abajo, intente tirar del sensor un poco y aflojar la tensión de rotación sobre la ganzúa para que el resorte puede empujar el perno-llave hacia arriba de la línea de corte.

Herramientas improvisadas

La mayoría de las cerraduras tubulares han mejorado en calidad con los años. Sin embargo, sigue habiendo un mercado para las soluciones más baratas de baja seguridad; a veces las empresas con buena reputación comienzan a abandonar las buenas prácticas en busca de beneficios a corto plazo. Esto significa que algunas de las cerraduras tubulares que encuentre pueden ser abiertas con algo tan simple y barato como un bolígrafo Bic. El verdadero secreto es que, a pesar de ser barato, el bolígrafo Bic cumple con todos los requisitos de una ganzúa tubular rudimentaria.

Para usted, que quiere falsear la cerradura, la parte importante del bolígrafo Bic es el tubo. Debe retirar el capuchón y la punta con la que se escribe, junto con la tapa de atrás del bolígrafo. Lo único que queda es el cilindro de plástico que forma el cuerpo del bolígrafo. Intente deslizar el tubo del bolígrafo dentro de la cerradura

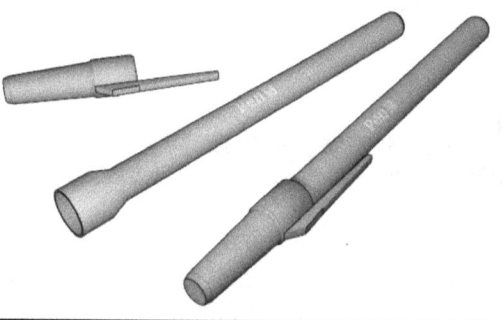

Bolígrafo agrandado como rastrillo improvisado

para ver si encaja con facilidad. Si el tubo es ligeramente menor que la abertura de la cerradura que quiere falsear, puede ser necesario ampliar la punta del tubo que va a entrar en la cerradura. Puede ensanchar el tubo introduciendo un desarmador Philips apenas más grande, raspando el interior con un cuchillo, rotando hojas de tijeras dentro de él o por medio de otra técnica improvisada. Intente constantemente calzar el tubo del bolígrafo en la cerradura.

Este proceso de ensanche seguramente no es rápido, y probablemente le resultaría más fácil con un rastrillo de verdad, pero a veces puede suceder que solo tenga a mano un bolígrafo. Una vez que pueda deslizar la punta del bolígrafo con relativa facilidad hasta el fondo de la cerradura, descubrirá qué tan bien está construida la cerradura. Empuje el bolígrafo en la cerradura y solo menéelo hacia atrás, hacia adelante, de lado y en redondo, mientras trata de aplicar cierta fuerza contra la punta. Cuando haga girar el cilindro es posible que pueda abrir la cerradura. La idea es que, con cierta fuerza y meneo, podrá rastrillar la cerradura como lo hizo con la ganzúa tubular al deformar las paredes afinadas de la punta hasta que se parezcan a una llave. Una vez que completó el meneo y que el tubo del bolígrafo está deformado, su ganzúa ad hoc podrá abrir la cerradura con relativa facilidad. Además, los sucesivos intentos de abrir la cerradura implicarán mucho menos fuerza y meneos porque la forma aproximada a la llave está pronta para ser usada. Si todos los pernos están cortados con alturas similares este método puede funcionar con mucha más facilidad y es más confiable. Por otro lado, una cerradura bien fabricada o una que tenga muchas variaciones en los cortes de la llave o con varias medidas defensivas antirastrillos y antiganzúas incorporadas, no será susceptible a esta forma de ataque. De hecho, este método no funciona en la mayoría de las cerraduras tubulares.

Si el tamaño de la abertura de la cerradura no está ni cerca del diámetro del bolígrafo y aún así quiere probar este método, puede utilizar otros materiales para realizar el trabajo. El material que elija debe ser deformable pero no demasiado fácil de doblar. Un material fácil de conseguir que puede funcionar en algunas cerraduras es cartón o plástico delgado y con muchas capas. Sea creativo: pruebe varios tubos, bolígrafos o lo que tenga cerca.

Debe medir la abertura de la cerradura tubular para saber cuánto material necesita. Después, corte la cantidad adecuada de material. Cuando haya terminado de cortar, enrolle el material para que calce justo en el ojo de la cerradura. Una vez construida la herramienta, debe seguir los mismos pasos que con el tubo del bolígrafo para abrir la cerradura.

Recuerde que la mayoría de las cerraduras tubulares están bien diseñadas y no se pueden abrir con estos métodos primitivos. Si está en una situación en la que no tiene acceso a herramientas sofisticada y es crítico abrir la cerradura en ese momento, las herramientas improvisadas serán mejor que nada.

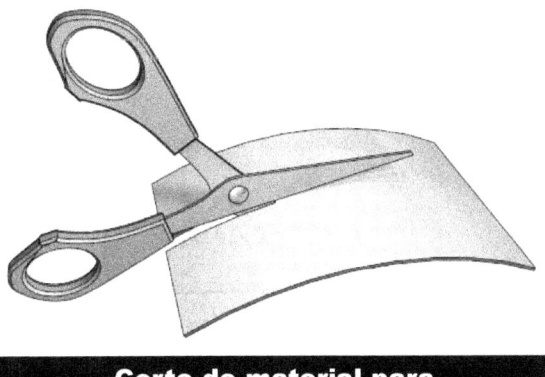

Corte de material para rastrillo improvisado

6

Cerraduras de palanca

Cerraduras de palanca

La *cerradura de fiador de palanca* es un invento que nos llega desde el corazón de la antigua Inglaterra. Las cerraduras de palanca[1] todavía se usan en todo el mundo, en particular en el Reino Unido. En los Estados Unidos es probable que las encuentre en la bóveda de seguridad de su banco local. Antes de que se inventaran estas cerraduras, la mayoría de la gente confiaba en las cerraduras de guardas, que ofrecían una seguridad extremadamente baja. A medida que la sociedad evolucionaba, se hacía más evidente la necesidad de una seguridad física más sofisticada. La realeza inglesa ofreció premios a quienes inventaran cerraduras cada vez más seguras, así como a quienes expusieran las fallas y deficiencias de estas nuevas cerraduras.

Cerraduras antiguas de palanca

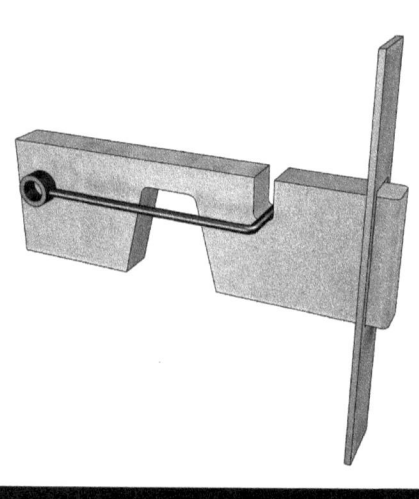

Cerradura de palanca simple

La primera cerradura de palanca que se inventó, era realmente muy simple. El diseño incluía una sola *palanca*. Al girar la llave, la paleta levantaba una palanca y permitía que el pestillo se deslizara hacia adentro de la caja de la cerradura. Este mecanismo de cierre solo aseguraba que el pestillo permanecía trabado fuera de la caja de la cerradura al sacar la llave. Al insertar y girar la llave, ésta empujaba la palanca hacia arriba mientras movía el pestillo hacia adentro. Este diseño aún se podía combinar con guardas para frustrar el falseo.

Falsear estas cerraduras de palanca era bastante fácil hasta el día en que Robert Barron introdujo una cerradura de palanca más compleja. Su versión

---

1 N. de la T.
También conocida como cerradura de "gorjas" o "borjas", o cerradura de "paleta simple" por la forma de la llave.

Cerraduras de palanca Antiguas

Palanca simple levantada

Palanca simple abierta

de la cerradura de palanca exigía que la llave levantara la palanca a la altura exacta para poder mover el pestillo. Si la palanca se levantaba muy arriba o muy abajo, no permitía el movimiento del pestillo.

En la cerradura de Barron, la palanca tenía una espiga que se movía hacia arriba y hacia abajo dentro del pestillo. Como se puede ver, la palanca se debía elevar a la altura exacta para permitir el movimiento lateral del pestillo. Solo a esta altura correcta había una ranura en el pestillo en la que calzaba la espiga y permitía el deslizamiento lateral del pestillo.

Para hacer estas cerraduras más seguras, la palanca simple pasó a tener más palancas una junto a la otra. Cada una debía ser elevada a la altura justa para que se moviese el pestillo. La hendidura en forma de arco en la parte inferior de cada palanca, donde la paleta de la llave toca a la palanca se llama *asiento*. El asiento se cortaba para que coincidiera con la llave y elevara la palanca a la distancia justa. Cada asiento se podía hacer de distinta profundidad y permitía un diseño de cortes específico en la paleta de la llave. Esta cerradura significó un avance tan importante que

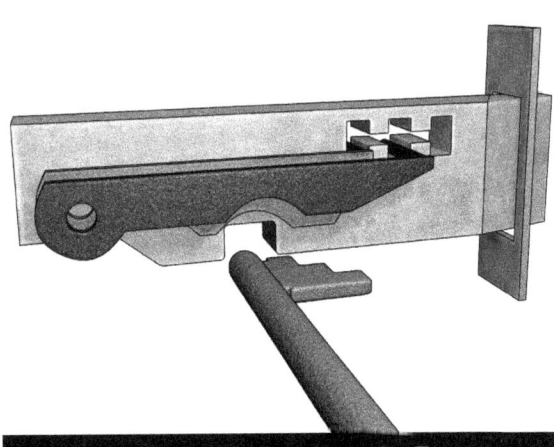
Cerradura de palanca de Barron

Cerradura de palanca moderna

fue considerada inviolable durante cierto tiempo. Desafortunadamente, el diseño de la cerradura de palanca de Barron tenía una debilidad importante. Si se conocían las profundidades relativas de los asientos, no solo se podía comprometer la cerradura una vez, sino también hacer una llave que abriera la cerradura con regularidad. Por eso, eran muy vulnerables a la toma de impresiones.

Era posible empujar una llave en bruto con cera en los extremos contra las palancas. Al mirar las impresiones en la cera se podía discernir la forma del asiento y, de ese modo, cortar una llave aproximada. Las cerraduras de palanca debieron evolucionar más para seguir siendo de uso generalizado.

Cómo funcionan las cerraduras de palanca

Vamos a ver ahora la versión moderna del diseño de la cerradura de palanca. Como se puede ver en esta ilustración, las disposiciones de las palancas y del pestillo son un poco diferentes. Ahora son las palancas (o placas) las que tienen el pasaje y el pestillo tiene la espiga. Esta *espiga del pestillo* debe deslizarse por el pasaje para cerrar o abrir este diseño. Todas las placas tienen la misma profundidad de asiento, por lo que se dificulta la toma de impresiones. En cambio, tienen las aberturas cortadas a diferentes alturas.

Cuando la llave levanta la placa, la eleva a la altura correcta para que la espiga del pestillo se deslice con facilidad hacia adentro y hacia afuera de la placa.

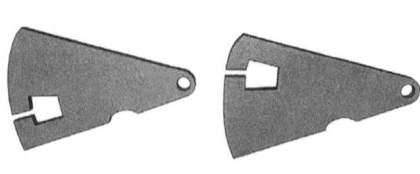

Placas con distintas ranuras

Como todos los asientos están alineados y tienen el mismo tamaño, es imposible obtener información sobre la llave si se empujan todas las a la vez y se hace una impresión de la forma resultante. Si trata de tomar una impresión de una cerradura de placa moderna insertando una llave en bruto con cera en los extremos, todas las placas se levantarán a la misma altura. Terminaría con marcas planas en la cera que no se asemejan a la forma de la llave.

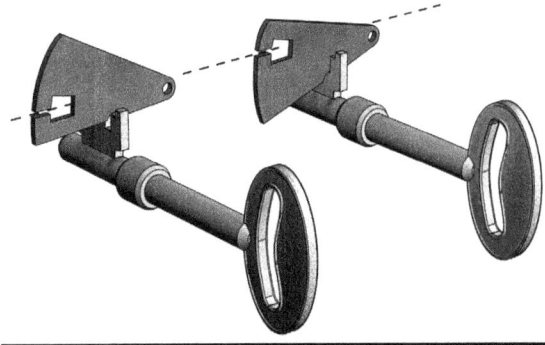
La llave eleva las placas y alinea las ranuras

Algunas veces solo hay tres placas. En instalaciones más seguras puede haber más de diez. Es interesante observar que algunas cerraduras están diseñadas de modo que la llave tenga un corte simétrico. Son las cerraduras que aceptan la llave de cualquiera de sus lados. Las placas están diseñadas para que no importe de qué lado se inserta la llave.

Llave simétrica

Ahora que comprendimos el funcionamiento básico de la cerradura, vamos a ver más detenidamente las piezas que conforman la cerradura. Las placas no son tan simples como las hemos descrito.

Resorte de la placa

Aquí se representa una placa típica, como las que puede encontrar. El agujero redondo en el extremo de la placa se llama *agujero del pivote*. Un perno dentro de la cerradura atraviesa ese agujero y actúa como eje alrededor del cual pivotan o giran las placas. Todas las placas se instalan en

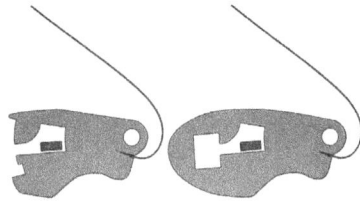
Placas con la espiga del pestillo

el mismo perno, por eso todas giran en torno al mismo punto. La pieza de metal larga, delgada y curva que sale de la placa es un resorte. En el funcionamiento normal, como se muestra en la figura, el resorte está doblado y empuja contra el cuerpo de la cerradura. Bajo la presión del resorte, la placa gira en torno al pivote hasta que choca contra la parte inferior del cuerpo de la cerradura. Se apoya allí hasta que una llave la levante para abrir la cerradura. Observe la cámara dentro de la placa en la que descansa la espiga del pestillo cuando la cerradura está abierta y el pestillo está retraído en el cuerpo de la cerradura. Esta cámara se llama *trampa posterior*.

Algunos tipos de cerradura de palanca tienen dos cámaras que pueden alojar la espiga del pestillo. La trampa posterior aloja la espiga del pestillo cuando éste se encuentra dentro de la cerradura, y la *trampa frontal* contiene la espiga del pestillo cuando éste sale de la cerradura.

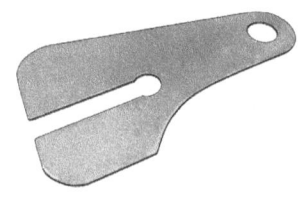

Espaciador de placas

Las placas están muy juntas unas contra las otras. Esto podría ocasionar problemas si las placas se tocaran. Si las superficies grandes y planas de las placas se presionaran entre sí, la fricción entre ellas sería excesiva. Como consecuencia sería difícil levantar una placa sin interferir con las vecinas.

Los *espaciadores* impiden que las placas interfieran con las vecinas. Los espaciadores mismos no se mueven. Cada uno tiene un agujero del pivote. No tienen resortes y están siempre en contacto con la espiga del pestillo. Como los espaciadores solo tienen una ranura por la que la espiga se desplaza, en lugar de una cámara, no rotan en torno del pivote. La espiga del pestillo puede deslizarse a lo largo de la ranura sin salir nunca, mientras abre y cierra. La llave nunca entra en contacto con el espaciador porque el

Muñón

asiento del espaciador está cortado más profundo que el de cualquier placa.

Otra parte importante de la cerradura de palanca es el *muñón*. Cuando inserta la llave en la cerradura, no queda confinada dentro del canal de la llave como en una cerradura de tambor de pines. En cambio, la llave resbala dentro de una cámara de metal que gira con la llave.

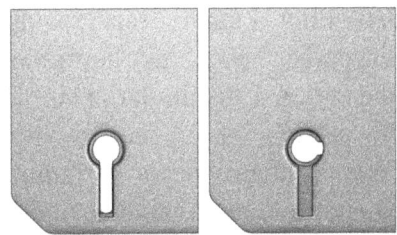
Ojo de la cerradura y muñón

El muñón asegura que la llave permanezca perpendicular a las placas durante el giro. Al mismo tiempo, el muñón dificulta el falseo porque impide el acceso fácil a las placas. Visualice cómo se vería el ojo de la cerradura cuando la cerradura está completamente abierta. Ahora visualice cómo se ve cuando el muñón está girado a medias por alguien que trata de falsear la cerradura.

Como se puede imaginar, cuando el muñón está girado a medias solo es posible acceder a las placas por la parte redonda superior del ojo de la cerradura. Normalmente, la cara plana del cilindro del muñón tiene una muesca que permite la entrada de la llave. Cuando el muñón está girado, esta muesca también gira; solo la parte redonda del ojo de la cerradura permanece abierta.

Las llaves redondas solo tienen el cuerpo redondo de la llave que llena el agujero del muñón. Sin embargo, algunas cerraduras están diseñadas para llaves planas. Se pueden hacer con un corte especial cerca de la cabeza de la llave. Este *corte de garganta* permite el giro de la llave dentro del ojo de la cerradura sin interferir con el cuerpo de la cerradura. La parte de la llave desde la punta hasta el corte de la garganta está albergada por el muñón, mientras que el resto hasta el extremo de la cabeza de la llave está fuera de la cerradura. La cantidad de material de la llave que queda por debajo del corte de la garganta

Llave plana para palanca

determina cuánto espacio queda disponible para las herramientas que entran a manipular la cerradura de palanca. Las fuerzas de los resortes dentro de la cerradura de palanca son relativamente altas, por lo que es necesaria una fuerza de rotación significativa para abrir la cerradura con la llave. Si la llave no es capaz de soportar la aplicación repetida de la tensión de rotación se romperá en el punto más débil. Por esta razón, el corte de la garganta no puede ser tan profundo que deje solo una lámina delgada de metal en la llave. También significa que será difícil ganzuar la cerradura porque las fuerzas que es necesario aplicar a las placas son mayores. Las cerraduras de palanca de las prisiones pueden ser muy grandes con resortes muy fuertes, por lo que son un desafío particular.

Muñón y resorte dentro de la carcasa

Por esta razón, el muñón mejora en gran medida el funcionamiento y la seguridad de las cerraduras de palanca. Si el muñón pudiese rotar libremente, sería posible que girara cuando la llave no estuviese dentro de la cerradura. Un muñón girado a medias impide el ingreso de la llave en la bocallave al igual que impide que las herramientas de falseo utilicen todo el espacio de la bocallave. Por eso, hay varios métodos que impiden que el muñón gire con facilidad sin la llave.

Una solución consiste en usar un resorte que pueda deslizarse dentro y fuera de una ranura en el muñón. Se debe tener presente que esta es otra fuerza más que se debe vencer al girar la llave.

Ahora juntemos las piezas del rompecabezas y observemos cómo encajan las diferentes piezas de la cerradura.

Cerraduras de palanca Cómo funcionan   **129**

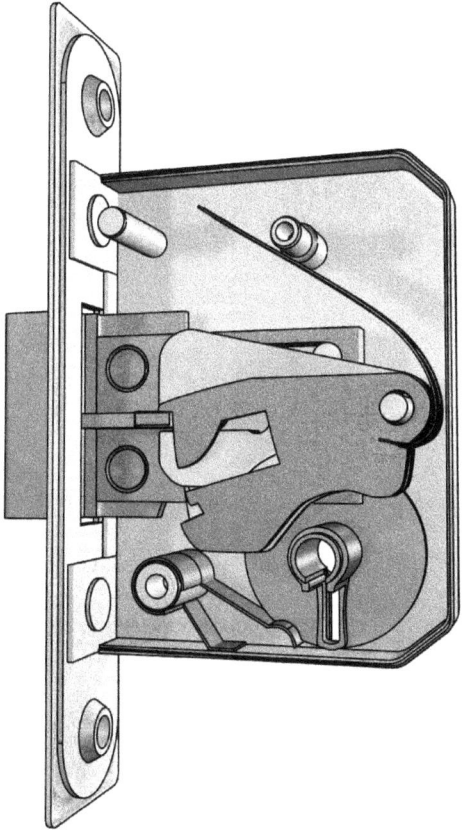

Cerradura de palanca - cerrada

Guía visual para **falsear cerraduras**

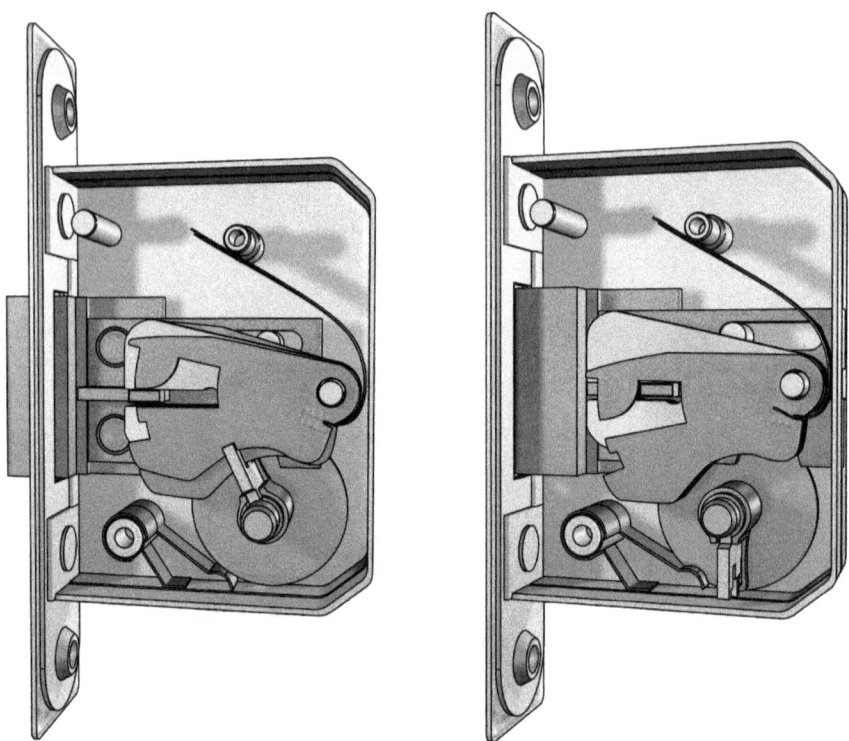

Cerradura de palanca abriéndose con la llave

Cómo falsear las cerraduras de palanca

A esta altura, debe tener un buen dominio de cómo funcionan las cerraduras de palanca y de cómo interactúan las piezas de la cerradura de palanca para componer una unidad. Ahora está preparado para estudiar los métodos de falseo para vencer esta cerradura. Las ganzúas que usará son parecidas a las que utilizó para ganzuar las cerraduras de tambor de pines.

Ganzúa para cerradura de palanca

Aquí tenemos una ganzúa de ejemplo. En este caso, el mango es un aro. Es así porque no solo debe empujar la ganzúa hacia arriba y hacia abajo, sino que también debe hacerla girar con bastante fuerza. Se pueden encontrar ganzúas para cerraduras de palanca de una gran variedad de formas. La

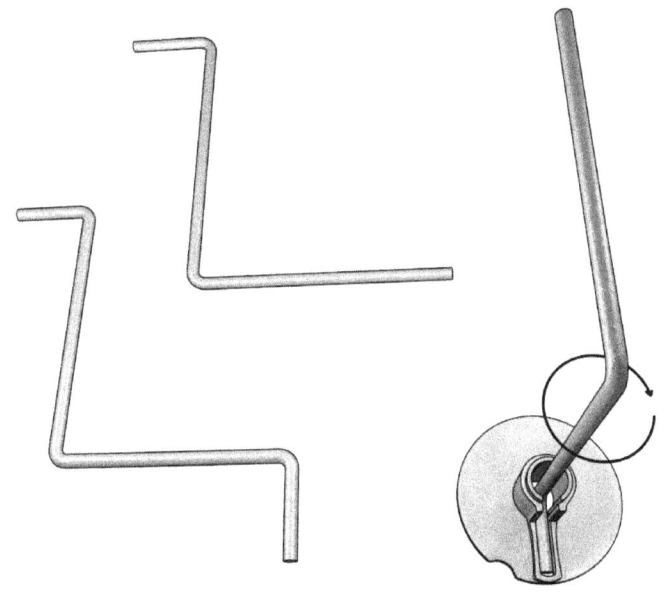

Llaves de tensión para palanca

punta de la ganzúa viene en alturas variadas para adaptarse a diferentes formas y tamaños de cerraduras de palanca. Las ganzúas mismas también varían de tamaño y grosor.

La segunda herramienta que debe utilizar ya debería serle muy familiar. Es la llave de tensión. Esta herramienta se usa siempre en conjunto con la ganzúa. La herramienta de tensión tiene una punta pequeña que hace girar el muñón. Algunas veces los dos extremos de la herramienta tienen punta, en general de diferente tamaño, para adaptarse a diferentes cerraduras. Para poder trabajar más cómodamente con la ganzúa, la herramienta de tensión se debe empujar hasta el fondo del muñón.

Si la cerradura se puede abrir de los dos lados, asegúrese de no introducir la herramienta de tensión tan adentro de la cerradura que empuje el marco de la puerta cuando quiera aplicar tensión de rotación. Primero debe insertar la herramienta de tensión en la cerradura, y luego la ganzúa. Puede aplicar un poco de tensión sobre la llave de torque y el muñón comenzará a girar. Una vez que el muñón haya girado lo suficiente como para no poder empujar la herramienta de tensión hacia afuera por el lado opuesto de la cerradura, empuje la herramienta de tensión más adentro de la cerradura hasta que no avance más. Luego, gire la llave de tensión hasta que el muñón no permita

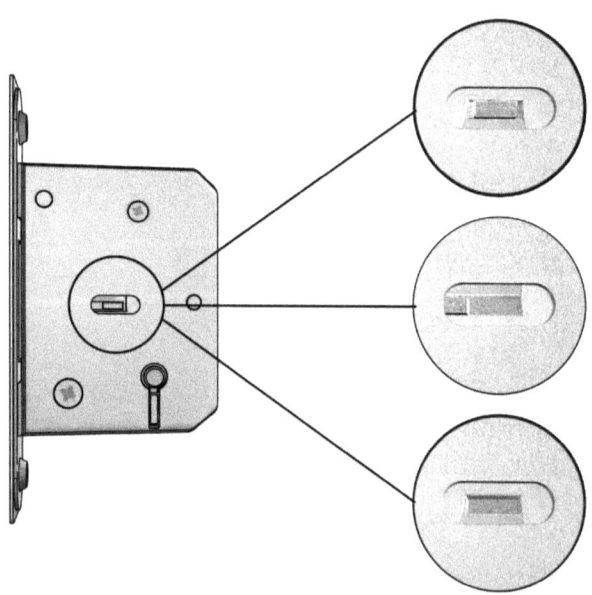

Ejemplo de ventana de la cerradura de palanca

que siga girando. La razón por la que no podrá seguir girando es porque la rotación del muñón mueve el pestillo y la espiga del pestillo entrará en contacto con una de las placas.

Al igual que al falsear otros diseños de cerradura con fiadores, se trata de explotar las ligeras variaciones de tamaño de la fabricación de las piezas metálicas. Si las placas estuviesen fabricadas exactamente del mismo tamaño, la espiga del pestillo entraría en contacto con todas exactamente al mismo tiempo. En el mundo real, entra en contacto con una de ellas con más fuerza que con las demás. Esto permite ganzuar una placa por vez. Use la ganzúa para levantar las placas hasta que encuentre la placa que resiste más. Así encuentra la placa más trabada. Empuje esta placa hasta que la espiga del pestillo comience a entrar en la trampa posterior de esa placa. Escuchará o percibirá un leve clic o movimiento, y la herramienta de tensión girará ligeramente cuando la espiga del pestillo comience a entrar en la trampa posterior. Sin embargo, será muy sutil, porque enseguida se trabará otra placa e impedirá que la espiga se siga moviendo. Debe repetir este proceso para cada placa. Tenga presente que la espiga del pestillo ya entró en la ranura de la placa colocada, por eso no tiene que preocuparse de moverla o descolocarla por accidente, mientras mantenga una tensión suficiente sobre

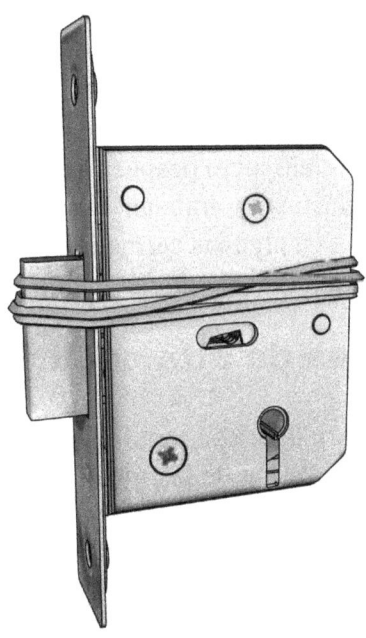

Tensión con bandas elásticas

la llave de torque. Sin embargo, demasiada tensión es un problema, porque haría que la espiga se trabara con fuerza contra varias placas.

Antes de intentar ganzuar una cerradura de palanca instalada en una puerta u otro lugar, es útil practicar con una cerradura de puerta común que aún no haya sido instalada. Muchas cerraduras de palanca tienen una pequeña ventana en el cuerpo de la cerradura. Esta ventana permite ver cómo se mueven las placas hacia arriba y hacia abajo cuando la espiga del pestillo entra en la trampa posterior. Puede ser una gran ayuda para el aprendizaje mientras se inicia en la apertura de cerraduras de palanca.

Podrá ver cuáles placas siguen sin ganzuar y cuáles ya se han colocado. A pesar de que es una gran ayuda para el entrenamiento, no se acostumbre al lujo de poder ver dentro de la cerradura mientras la ganzúa. Más adelante, probablemente deberá tapar la ventana con cinta para no depender de la vista al falsear la cerradura.

Puede ser muy incómodo sostener la cerradura en la mano mientras manipula la herramienta de tensión y la ganzúa. Para facilitar los primeros intentos de falseo, puede probar el uso de bandas elásticas fuertes para presionar el pestillo, en lugar de la herramienta de tensión. Simplemente coloque bandas elásticas fuertes alrededor de la cerradura para presionar el pestillo hacia adentro de la cerradura. Ahora solo tiene que sostener la cerradura y manipular la ganzúa sin preocuparse de la herramienta de tensión. Puede utilizar esta técnica en el inicio, pero después de un par de intentos exitosos debe retirar las bandas elásticas y trabajar con la herramienta de tensión. Esta técnica solo funciona en algunas cerraduras, pero en esos casos puede resultar una ayuda eficaz durante el entrenamiento.

Placas de alta seguridad

Muchas de las cerradura de palanca en venta en la actualidad han incorporado medidas contra el ganzuado. Una de las medidas defensivas más comunes es el uso de *muescas falsas* en la placa. Sirven para atrapar la espiga del pestillo con una colocación en falso.

Como puede ver, si empuja la espiga del pestillo contra la placa mientras levanta la placa, la espiga del pestillo se desliza primero en la muesca falsa. Mientras haya una fuerza constante sobre la espiga del pestillo, permanecerá atrapada en esta muesca falsa. Este diseño es una reminiscencia del perno de carrete de las cerraduras de tambor de pines. Puede manejarlo de manera similar. Afloje la tensión para permitir que la espiga del pestillo salga de la muesca. Esto puede significar que otras placas se descoloquen cuando libera la tensión, por supuesto. Lo que lo hace particularmente difícil es que cuando se coloca, la muesca falsa se percibe exactamente igual que la real. Recién más tarde, cuando la espiga del pestillo llegue al final de la muesca corta, sabrá que algo no está bien. Una misma placa puede tener varias muescas falsas. Tendrá que experimentar con las placas para encontrar cuáles tienen muescas múltiples e intentar diferentes combinaciones hasta que encuentre la correcta.

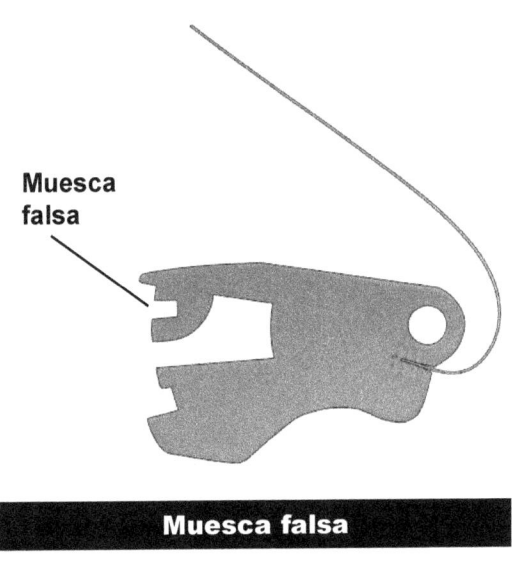

Muesca falsa

Algunos diseños llevan esta idea más lejos y las placas tienen un borde completamente aserrado, así como espigas del pestillo modificadas que se enganchan con facilidad en la placa. Este diseño es una reminiscencia del diseño del perno aserrado de las cerraduras de tambor de pines de alta seguridad.

Para hacer las cosas aún más difíciles, estas cerraduras de alta seguridad están fabricadas con tolerancias muy justas. La espiga del pestillo se puede atascar en el borde de la placa, aún si se trata tan solo un par de milésimas de milímetro más arriba o más abajo de la altura exacta a la que la eleva la llave. Cada una de las placas de la cerradura puede estar aserrada y tener muescas falsas, haciendo que estas medidas defensivas sean muy eficaces. Las cajas de seguridad de los bancos suelen tener hasta 14 de estas placas de alta seguridad. Pruebe una de estas cerraduras de palanca de alta seguridad y comprobará que son verdaderamente muy resistentes al ganzuado.

Es muy posible que pueda vencer las implementaciones inferiores de estas cerraduras con un poco de suerte y mucha determinación. Una placa a menudo tiene una sola trampa falsa. Si la espiga del pestillo está atrapada en una trampa falsa, será muy difícil determinar qué placa tiene atrapada la espiga. Con cerraduras de palanca mal fabricadas que no tienen tolerancias ajustadas, puede aplicar algo de fuerza de rotación con la llave de tensión y percibir cuál es la placa

Placa aserrada

trabada. Así puede determinar qué placa enganchó la espiga del pestillo en su trampa de muesca falsa. Para poder percibir la diferencia entre las fuerzas de trabazón, debe tener gran pericia. La placa que está trabada no podrá moverse en absoluto, mientras que las otras placas que están bien colocadas apenas se mueven ligeramente. Una vez que encuentre la placa correcta, puede aflojar un poco la tensión e intentar ganzuarla nuevamente a una posición diferente que, con suerte, será la verdadera trampa. Recuerde, al aflojar la tensión también pueden moverse otras placas. Es posible que deba repetir este ciclo varias veces. Si se vuelve muy molesto tener que volver a ganzuar constantemente las mismas placas, puede tratar de recordar a qué alturas tienen las muescas las diferentes placas. De esa manera puede ser más sencillo empezar de nuevo cada vez, mientras busca la combinación correcta de las muescas.

Sabrá que se encuentra frente a placas aserradas cuando al ganzuar una placa se genera una rotación contraria de la herramienta de tensión. Sabrá que la placa está colocada si al empujarla, mientras aplica fuerza de rotación sobre la herramienta de tensión, no se genera una rotación contraria de la herramienta. Puede aflojar un poco la fuerza de rotación y manipular la placa con la esperanza de que se coloque. Desafortunadamente, en las cerraduras de alta seguridad, son muchas las placas bien colocadas que caen cuando se afloja la tensión. También es increíblemente fácil empujar la placa demasiado arriba, más allá de la entrada de la muesca hasta que queda atrapada en el siguiente aserrado. Son muy difíciles de ganzuar, salvo que se trate de una cerradura de palanca de mala calidad. Por supuesto, la mayoría de las cerraduras de palanca con placas aserradas no son de mala calidad.

Amaestramiento de las cerraduras de palanca

Al igual que las cerraduras de tambor de pines, las cerraduras de palanca pueden estar implementadas para funcionar con llaves maestras. Esto significa que dos llaves distintas abren la cerradura. Una de esas llaves generalmente abre también muchas cerraduras diferentes. Hay dos métodos simples para conseguirlo. Primero, puede haber dos trampas posteriores en la misma placa. En este caso las dos llaves se cortan a dos alturas diferentes. Una llave puede levantar la placa hasta la altura de una de las dos muescas verdaderas. Cualquiera de ellas permite que la espiga del pestillo se mueva hacia adentro y abra.

Cuando los cortes de las dos llaves no son demasiado diferentes entre sí, es posible ampliar simplemente la abertura de la única muesca hacia la trampa posterior. Esto permite que dos llaves con cortes ligeramente diferentes coloquen la placa a una altura aceptable.

El amaestramiento brinda las ventajas de las llaves maestras. Algunos individuos con permisos restringidos pueden obtener la llave que solo funciona para una puerta, y el administrador puede tener una llave maestra que funciona en todas las puertas. Sin embargo, el agregado de cualquiera de estos diseños de placas hace mucho más sencillo falsear la cerradura. Las posibilidades de empujar la espiga del pestillo dentro de una muesca verdadera son mayores si hay más o si son más grandes. En instituciones

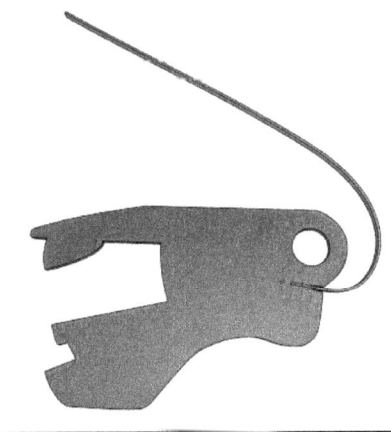

Placa con muesca agrandada

grandes se implementan esquemas de llaves maestras que requieren que varias placas tengan muescas múltiples; el trabajo es aún más sencillo. Aún cuando se necesiten llaves maestras, preocupa la seguridad. Por esta razón, muchas de estas placas tendrán además algunas de las medidas defensivas que expusimos previamente. Esto puede hacerlas más difíciles de abrir que una cerradura de palanca común.

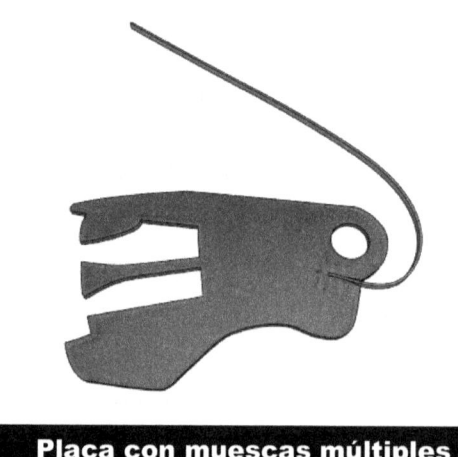

Placa con muescas múltiples

Cerraduras de palanca — Llaves maestras

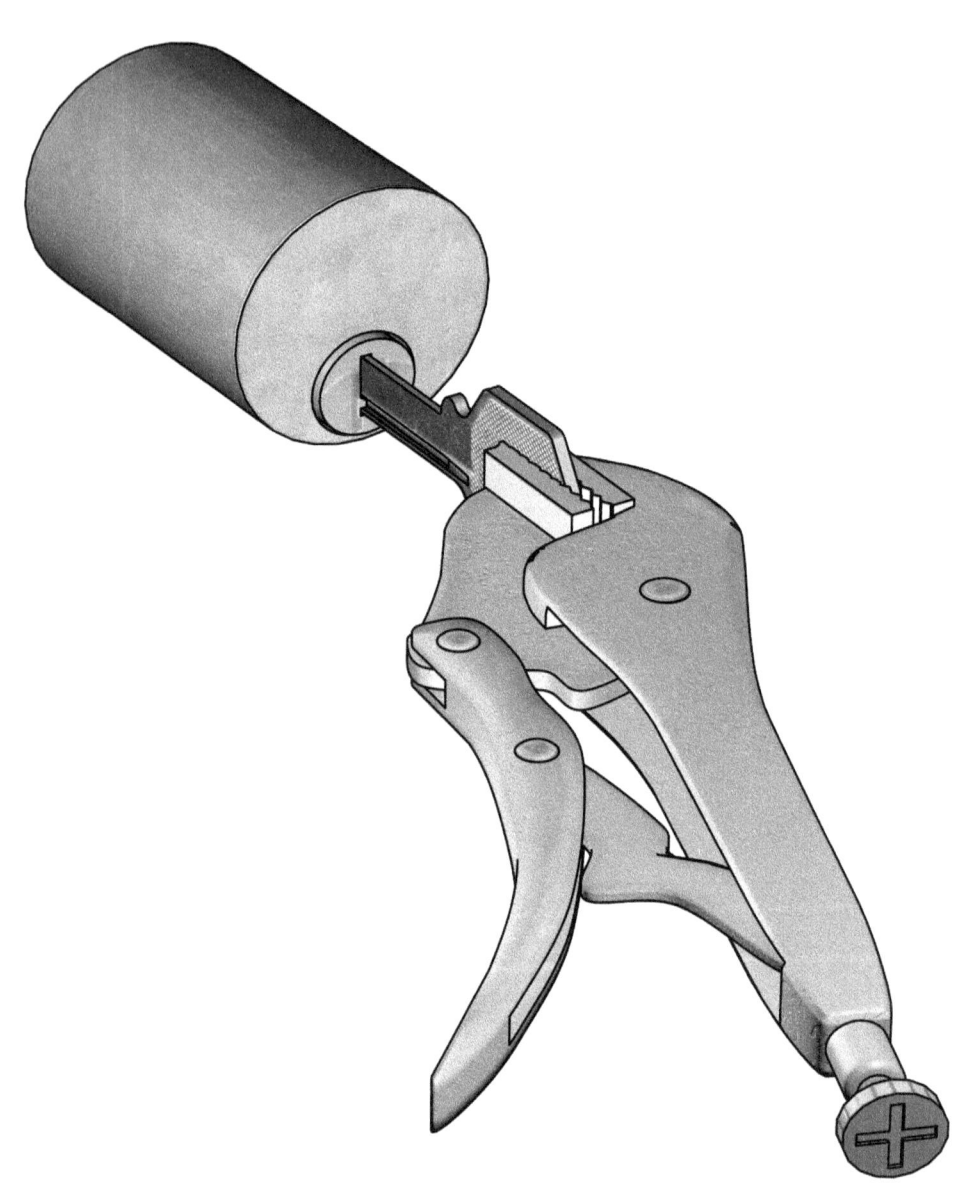

7

Cómo tomar impresiones

Cómo tomar impresiones

Para ganzuar una cerradura de tambor de pines o de cilindro de discos se emplean generalmente herramientas, especiales o improvisadas, para manipular los pernos. Pero existe otra forma de abordaje que utiliza, en cambio, una llave real. Con este método obtendrá una llave que funciona para abrir la cerradura. Es posible que no sea la llave más bonita, pero ese no es el punto. Bienvenidos a la técnica de *toma de impresiones*. Tiene algunos inconvenientes, por supuesto. Puede llevar mucho tiempo y definitivamente necesita el tacto justo. Al ser la creación de una llave real, también resulta mucho más frustrante volver a empezar, en comparación con las técnicas tradicionales de ganzuado y rastrillado.

La toma de impresiones es una técnica muy poderosa justamente porque crea una llave real para la cerradura que está tratando de abrir. La teoría detrás de la toma de impresiones es bastante fácil de entender. En la práctica, sin embargo, es un arte muy delicado de dominar. Si se dedica a esto, probablemente pueda abrir cerraduras con muy pocas columnas de pernos o discos. La toma de impresiones de llaves para cerraduras de casas o autos es mucho más difícil porque hay muchas formas de equivocarse. Solo a través de una profunda experiencia de la práctica se puede lograr un éxito confiable. Pero advierta que obtener esa experiencia puede ser tan difícil como costoso. En lugar de utilizar ganzúas y una herramienta de tensión, va a confeccionar una llave real. Eso significa que cada intento fallido será una llave desperdiciada. Cada intento de tomar impresiones también deforma ligeramente la cerradura y hace más difícil tomar nuevas impresiones de la misma cerradura. Puede resultarle más sencillo ganzuar la cerradura y luego retirarla y desarmarla para encontrar así el corte de llave adecuado. A pesar de que frecuentemente puede haber una mejor forma de abrir la cerradura, la toma de impresiones tiene un lugar, en especial en las cerraduras de baja seguridad de escritorios y archivadores que solo tienen uno o dos pernos.

Para tomar la impresión, solo necesita dos o tres herramientas simples y una llave en bruto para comenzar. La llave en bruto adecuada debe entrar y salir del ojo de la cerradura con facilidad. Debe llenar el ojo de la cerradura completamente y no debe ser posible menearla mucho después de insertarla en la cerradura.

En cuanto a las herramientas, se necesita una lima para hacer las ranuras en la llave y prepararla para la impresión. Después de esta sección, estará familiarizado con el tipo de limado necesario para la toma de impresiones; esto le permitirá seleccionar la lima que se adapte mejor a su forma de trabajar el metal y al tipo de cerradura. Una pinza de presión, tenaza u otra herramienta que pueda aferrar la llave y

Lupa

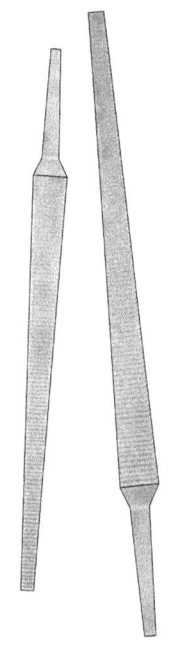
Limas

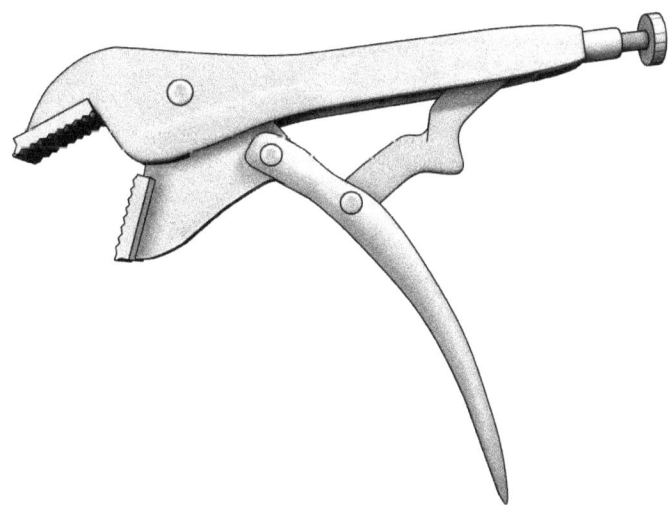
Pinza de presión

proporcionar buen efecto de palanca será útil. Por último, una lupa para ver con claridad las marcas en la llave suele ayudar mucho. De hecho, es posible tomar impresiones de una llave sin una lupa si tiene buena vista, pero siempre es buena idea facilitar el trabajo todo lo posible.

Preparación de la llave en bruto

Como puede haber adivinado, el primer paso es conseguir las llaves en bruto adecuadas para la cerradura. Si es una cerradura común, deben estar disponibles en un distribuidor. Es conveniente disponer de algunos repuestos a causa de los errores inevitables. Si está enfrentado a una cerradura especial para la cual no se venden llaves en bruto, la clave es la improvisación.

Cuando tenga las llaves en bruto, debe prepararlas para la toma de impresiones. Con suerte, esta llave en bruto será una llave que funcione, pero antes debemos prepararla. Hay dos formas eficaces para preparar las llaves en bruto. Un método simplemente alisa la parte superior de la llave para que no tenga marcas visibles. Recuerde, es la parte que entra en contacto con los pernos inferiores en una cerradura de tambor de pines. Cuando alise la superficie tenga la precaución de no limar demasiado. Si lima demasiado y una de las columnas de pernos necesitaba una profundidad completa sin cortar, acaba de arruinar la primera llave en bruto. No se preocupe, le pasará muchas veces mientras aprende. Si sigue adelante y trata de usar esta llave en bruto, su intento fallará. Limar la llave en ese lugar hasta la máxima

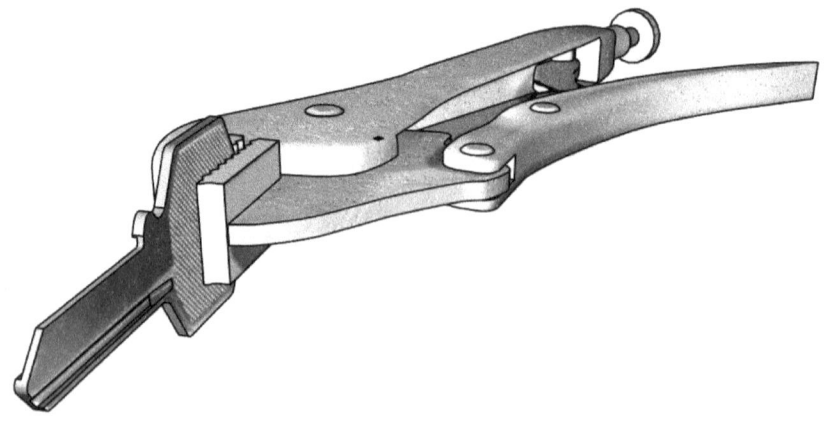

Llave en bruto con superficie plana y lisa

profundidad no servirá de nada. Por eso, si después de un limado inicial suave la llave todavía tiene algunas marcas, inspecciónelas detenidamente y grábelas en su memoria. Más tarde, cuando esté buscando las marcas que dejaron los pernos inferiores, no tome en cuenta estas marcas. Pronto llegaremos a conocer el aspecto de estas marcas.

Una forma alternativa de preparar las llaves en bruto para la impresión es limar la parte superior de la llave con una forma similar al filo de un cuchillo. No trate de hacerla tan filosa como para cortar algo. En cambio, lime la parte superior de la llave como una punta afilada. En otras palabras, en lugar de una parte superior plana, lime un lado de la llave en bruto en declive desde el medio del cuerpo hacia abajo, en un ángulo entre 40 y 50 grados. Lime del otro lado también para crear un borde en punta para la paleta de la llave en blanco. Si decide limar los dos lados de la paleta, debe tener especial cuidado de no rebajar la parte superior de la llave en algunos lugares. Si rebaja la parte de la llave por debajo de la profundidad requerida por la columna de pernos, tendrá el mismo problema que en el método anterior y habrá arruinado otra llave en bruto. Recuerde que debe empezar con muchos repuestos mientras esté aprendiendo.

Este segundo estilo de preparación de llaves en bruto es popular porque los pernos o discos pueden dejar marcas más reconocibles. Sin embargo, el afilado del borde requiere más habilidad, porque todas las ranuras para las columnas de pernos que se deben hacer durante la impresión de esta cerradura también deberán limarse en ángulo. Para los primeros intentos, antes que la experiencia le indique dónde limar y cuánto, probablemente sea mejor empezar con el método simple de alisar la superficie. Cuando se acostumbre al limado preciso, las llaves en bruto afiladas ofrecen la ventaja evidente de proporcionar marcas más claras para seguir.

Llaves en bruto limadas lisas o afiladas

Muchos también prefieren recubrir la superficie con una capa de carbón sosteniéndola sobre una vela encendida. Este recubrimiento de hollín puede ayudar a distinguir las marcas, pero el proceso debe repetirse en cada intento de impresión. Esto se describe con mayor detalle en el capítulo 1. Sin embargo, el recubrimiento de cera mencionado no funciona para las impresiones de cerraduras de cilindro.

Impresión de la cerradura

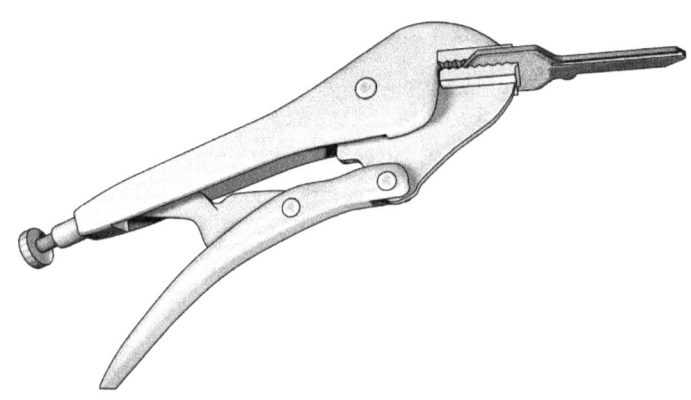

Aferre la llave en bruto con la pinza de presión

La toma de impresiones consiste en leer la cerradura haciendo marcas en una llave en bruto, leer esas marcas y limar la llave en bruto para crear una llave que funcione. Bien, ahora que su llave en bruto está lista para la toma de impresiones, es hora de insertarla en la cerradura y hacer algunas de esas marcas. Tome una pinza de presión y sujete la llave por la cabeza. Las pinzas de presión pueden sujetar con mucha fuerza y probablemente dejen las marcas de los dientes en la cabeza de la llave. Estas no son las marcas que nos interesan. Inserte la llave derecha dentro de la cerradura. Tenga la precaución de no aplicarle presiones laterales a la llave mientras la inserta en el canal de la llave.

Inserte la llave en bruto con cuidado

Cómo tomar impresiones   Impresión de la cerradura   147

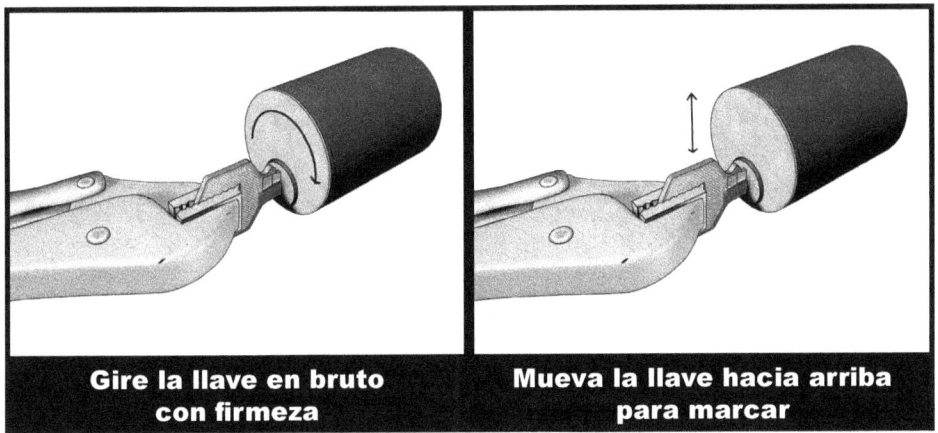

Gire la llave en bruto con firmeza   **Mueva la llave hacia arriba para marcar**

Luego, gire la llave hacia un lado todo lo que pueda. No aplique mucha fuerza de rotación cuando encuentre resistencia. Si aplica demasiada fuerza de rotación no dejará las marcas adecuadas en la llave. Para hacer las marcas adecuadas, debe mover la llave hacia arriba y hacia abajo una vez que está completamente girada hacia un lado.

Cuando la llave está completamente girada hacia un lado y sostenida con la presión correcta, uno de los pernos se trabará, mientras que los demás todavía podrán moverse hacia arriba y hacia abajo. Consulte el capítulo sobre el funcionamiento de las cerraduras de tambor de pines y cómo ganzuarlas, si no tiene claro cómo funciona. Si mantiene la llave girada y luego la mueve hacia arriba y hacia abajo, estará presionando contra el perno trabado. El movimiento hacia arriba y hacia abajo sobre el perno trabado debe marcar la llave en bruto en el lugar en el que se traba la columna de pernos. Mientras hace esto, puede mover la llave hacia el otro lado para hacer lo mismo.

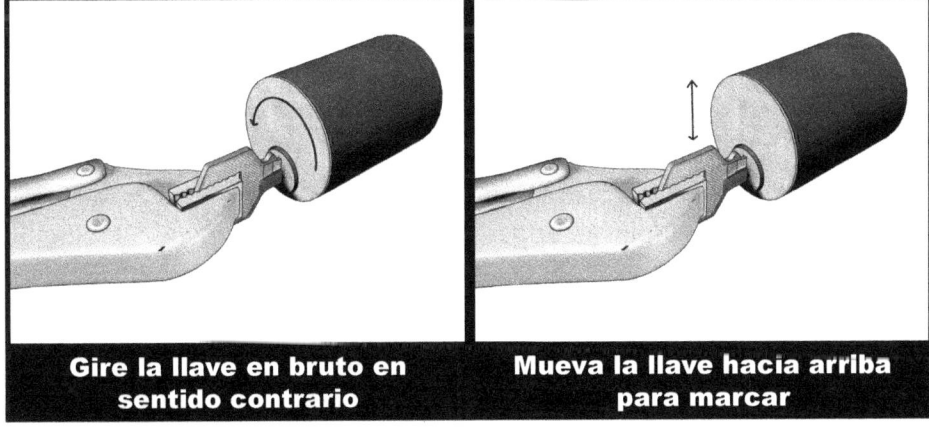

Gire la llave en bruto en sentido contrario   **Mueva la llave hacia arriba para marcar**

Lo más probable es que se trabe otro perno, y que el movimiento hacia arriba y hacia abajo deje marcas para este segundo perno.

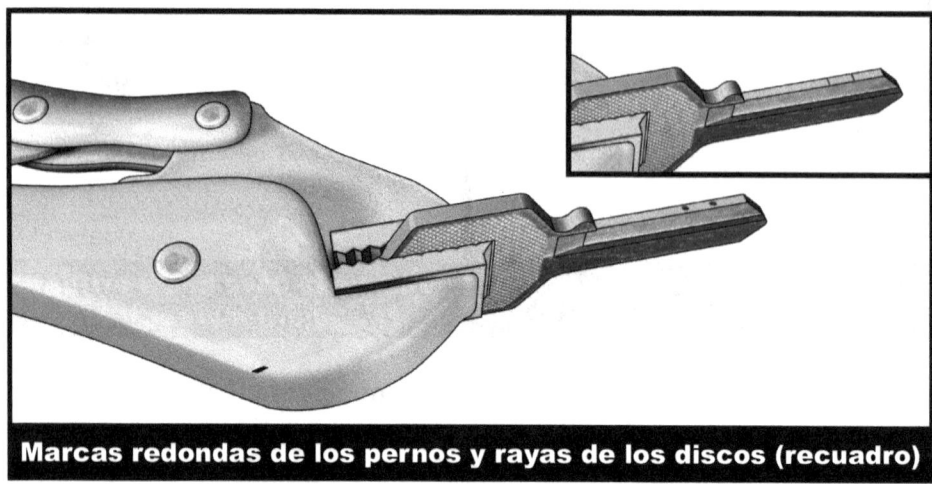

Marcas redondas de los pernos y rayas de los discos (recuadro)

Después de girar la llave en los dos sentidos y moverla hacia arriba y hacia abajo de cada lado, puede sacar la llave de la cerradura. Cada vez que inserte la llave y la retire, tenga cuidado de no marcarla mucho más. Ahora observe bien la llave. Como se imagina, habrá distintas marcas en la llave, según se trate de una cerradura de tambor de pines o de discos. Los tambores de pines dejarán, en general, marcas redondas, mientras que los discos dejarán rayas en la llave.

Solo verá una o dos marcas cuando tome la impresión de la llave. Por lo tanto, es bastante evidente que debe limar en esos puntos. Sin embargo, a menudo encontrará marcas borrosas en la llave. Pueden ser marcas dejadas por los pernos o por irregularidades de la cerradura. Las columnas de pernos que necesitan cortes muy profundos también dejan inicialmente marcas tenues. Estas marcas se harán más intensas a medida que se lime la llave en bruto en esa ubicación. Cuando se haya limado a la profundidad correcta, las marcas desaparecerán. Si sigue limando,

Lime ligeramente en las marcas

las marcas reaparecerán. También es probable que haya rayones largos en la hoja porque los pernos se deslizan sobre ella mientras la llave se inserta o se retira. Es mejor ignorar completamente estos rayones y las marcas tenues. Concéntrese solamente en las marcas más destacas en la llave donde deberían estar los pernos.

Cuando encuentre los puntos con las marcas más pronunciadas, puede limar la llave en esas ubicaciones. Son las ubicaciones en las que se trabaron los pernos inferiores. Esto significa que el perno inferior cruzó la línea de corte y que la muesca debe ser más profunda para permitir que la columna de pernos baje la cantidad necesaria y se separe. Cuando lime la llave debe tener en mente varias cosas. Primero, no lime demasiado profundo.

Si lo hace, se arriesga a perder la profundidad adecuada para la llave y deberá empezar todo de nuevo. Segundo, siempre facilite el deslizamiento de los pernos hacia adentro y hacia afuera de la ranura que está cortando. Si los lados de la ranura son muy empinados es posible que los pernos se queden atascados dentro de la ranura. Esto puede significar incluso que no pueda retirar la llave de la cerradura.

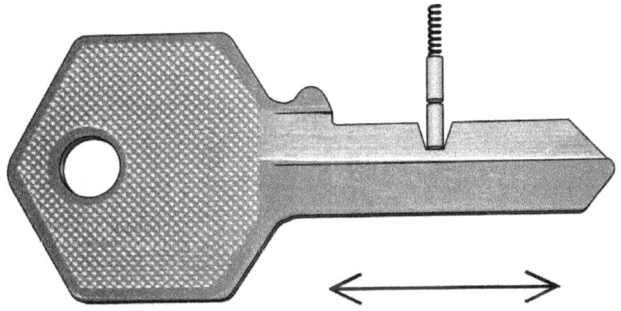

Las muescas con mucha pendiente pueden atrapar los pernos y atascar la llave en la cerradura

Tercero, trate de dejar una superficie pulida en la que se pueda hacer otra marca. Si está limando una llave con borde afilado, recuerde que debe mantener los cortes inclinados.

Cuando empiece a limar, haga un corte con el borde afilado de la lima. No se preocupe de los lados empinados. Primero necesita asegurarse de que

Lime derecho, después cree las pendientes

está limando en el lugar adecuado. La marca desaparecerá apenas comience a limar, por eso debe dejar una hendidura en el punto exacto en el que estaba la marca. La hendidura debe ser estrecha y en el lugar exacto en el que estaba la marca. Después puede usar la lima para crear pendientes que permitan a la columna de pernos deslizarse hacia arriba y hacia abajo cuando inserte la llave.

Algunas limas tienen sección cuadrada o rectangular. Éstas permiten hacer pendientes a 45 grados con facilidad. Otras solo tienen una sección fina. En ese caso, deberá inclinar la lima en las dos direcciones para crear la pendiente. Si está usando una lima completamente redonda, deberá ejercer presión lateral para crear las pendientes.

Como solo limó la llave en un par de ubicaciones en pequeñas cantidades, está lejos de tener una llave que funcione. Este proceso de insertar la llave, girarla, moverla hacia arriba y hacia abajo para marcarla y limar las marcas, se debe repetir muchas veces. Cada vez que lima, debe hacerlo solo un poco: tal vez solo un par de pasadas con la lima. A medida que continúe tomando impresiones y limando una posición, las marcas se harán cada vez más intensas, hasta que repentinamente desaparecen. En cuanto una posición no deje más marcas, no lime más allí. Si continúa limando, o si lima demasiado por accidente, las marcas reaparecerán. Estos sucede porque se traba el contraperno y hace que el perno inferior deje una marca. Es preferible que el error sea por no haber limado lo suficiente. Siempre tiene la opción de tomar otra impresión y limar un poco más, es mucho peor tener que empezar todo de nuevo. Se puede imaginar que la toma de impresiones lleva mucho tiempo, porque solo se debe limar muy poco cada vez. La calidad y las tolerancias de la cerradura determinan la exactitud necesaria para los cortes.

Cómo tomar impresiones Impresión de la cerradura   151

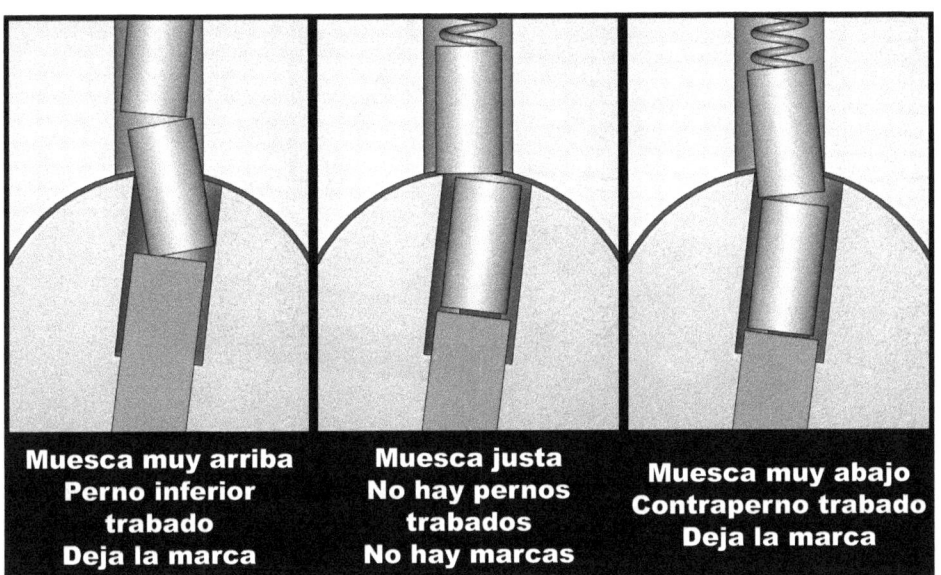

La razón por la cual solo algunos pernos dejan marcas, es que las marcas las provocan los pernos trabados. Recuerde que en el capítulo sobre las cerraduras de tambor de pines explicamos cómo los contrapernos de determinadas columnas de pernos se traban primero cuando se aplica la fuerza de rotación. En este caso, la llave en bruto empuja todas las columnas de pernos hacia arriba, por eso es el perno inferior el que se traba. Las columnas de pernos trabadas se mantendrán con firmeza en el lugar y provocan las marcas cuando la llave se mueve contra ellas. Los demás pernos, que no están trabados, se mueven con libertad junto con la llave y no dejan marcas. Una vez que haya limado una muesca en esa ubicación hasta la profundidad correcta, el perno inferior no se trabará cuando aplique la fuerza de rotación. Esto significa que no se crean marcas, y así sabrá que es la profundidad correcta. Cuando esto suceda, es probable que otro perno inferior se trabe y provoque otra marca cuando la llave se mueva contra él. Recuerde que la ausencia de marcas en una ubicación no significa que la muesca esté en la profundidad correcta. Es posible que solo sea que se trabó otra columna de pernos. Cuando esta columna de pernos esté correctamente limada, otras columnas se pueden trabar y dejar marcas. Ahora una advertencia: si lima demasiado una muesca, el contraperno cruzará la línea de corte y también se trabará cuando aplique la fuerza de rotación. Esto significa que la marca volverá a aparecer. Por eso, habrá una marca tanto si la muesca es demasiado profunda como si es demasiado superficial. Lamentablemente, la marca se

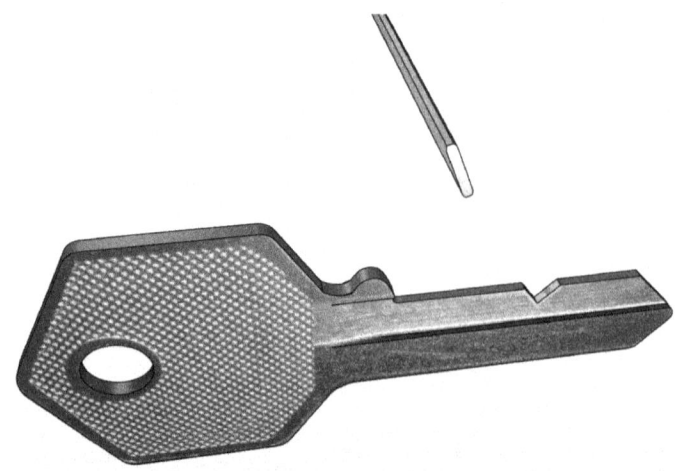

Marca en el costado de la ranura

ve igual en los dos casos. Por este motivo es tan importante limar muy poco cada vez, para no limar más allá de la profundidad adecuada y no perderla.

Lo mismo se cumple para las cerraduras de cilindro de discos. Las marcas quedarán si los discos se elevan demasiado o menos de lo necesario. Se crean cuando la parte del disco que sobresale del núcleo de la cerradura se traba contra el tambor. Pueden sobresalir por la parte superior o por la parte inferior del núcleo de la cerradura. Por eso, otra vez, es crucial que lime solo un poco para no perder la profundidad exacta cuando el disco está a la altura correcta: cuando no sobresale de núcleo, no se traba y, por lo tanto, no genera marcas. La experiencia le ayudará a darse cuenta cuánto puede limar cada vez en forma segura. Los pernos y discos están hechos de tamaños estándar, por eso es seguro limar la muesca desde una profundidad a la siguiente. Sin embargo, cuando recién comience, es mejor que sea cuidadoso y solo lime de a poco para evitar el desperdicio de llaves en bruto y la necesidad de empezar de nuevo.

A medida que tome repetidas impresiones de la llave, podrá ver que la marca no aparece exactamente en el punto más bajo de la ranura. En ese caso, es posible que la muesca no esté en el punto correcto y deberá ampliarla lateralmente. Tenga cuidado al hacer esto de no hacerla accidentalmente más profunda. Asegúrese de aplicar solamente presión lateral hacia el lado que debe mover la ranura.

Concéntrese siempre en la marca más fuerte. Es posible que pueda abrir la cerradura aún cuando queden algunas marcas tenues en la llave. Sin embargo, también es posible que apenas queden unas pocas marcas tenues y la llave se niegue a abrir la cerradura. Algunas de estas marcas tenues se deben simplemente a las imperfecciones de la cerradura, pero otras pueden revelar las posiciones de cortes demasiado profundos en la llave. Es útil pulir la llave en esos puntos y volver a tomar impresiones. Si vuelve a ver la marca, aumentan las posibilidades de que fuera una marca válida. Antes de comenzar a limar la ranura en esta posición, es conveniente que utilice un calibre para registrar las ubicaciones y las profundidades de las ranuras existentes. Esto posibilita recrear la llave hasta este punto y así no debe reiniciar el proceso completo otra vez. O puede continuar con otra llave en bruto y limarla directamente hasta las mismas profundidades. Si está frente a una cerradura que tenga más de dos pernos, una de las maneras más sencillas de eliminar marcas falsas es verificar si se alinean con el patrón de separaciones de las marcas que ya limó. Las columnas de pernos están dispuestas casi siempre a intervalos regulares. Debido a que la separación entre cualquier par de columnas de pernos vecinas es la misma, las marcas sobre la llave deben coincidir con esas distancias. Puede utilizar una ganzúa común para contar la cantidad de columnas de pernos que hay en la cerradura. Una vez que tenga al menos dos ranuras en cualquier ubicación, se hace posible eliminar las marcas falsas sobre la base de su ubicación. Este principio es especialmente útil si trata de tomar impresiones de una cerradura con muchos pernos.

Al igual que al falsear una cerradura de cilindro, es importante recordar que no se debe aplicar demasiada fuerza de rotación sobre la llave mientras toma las impresiones. Si aplica demasiada fuerza de rotación hará que se traben demasiadas columnas de pernos. Si lo hace constantemente provocará además que se debilite la base y hasta puede partir la llave. Además de darle una excusa para practicar con el extractor de llaves rotas, esto resulta frustrante. Sin embargo, es recomendable que tenga siempre un extractor de llaves rotas a mano mientras toma impresiones, por las dudas. Preste atención, también, a las fisuras que pueden empezar a aparecer en la base de la cabeza. Si observa fisuras en la llave con la que está trabajando, puede duplicar la forma de la llave en una llave en bruto antes de que se quiebre.

En algún momento, al intentar tomar una nueva impresión, debería lograr abrir la cerradura. Cuando esto suceda, ¡felicitaciones! Acaba de tomar una impresión de la llave de su cerradura. Puede utilizar esa misma llave o decodificar las profundidades de los pernos con un elemento de medición y producir una llave formal con un dispositivo para el corte de llaves.

Ejemplo de toma de impresión

A continuación damos una muestra de la secuencia de cortes de llave y marcas de impresión que pueden ejemplificar un intento típico de toma de impresión de una llave. Este ejemplo omite muchos pasos que son iguales y repiten el proceso de limado de la misma ubicación a una profundidad apenas mayor.

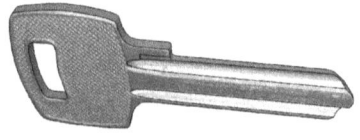

1
Elija una llave en bruto que calce exactamente en el ojo de la cerradura. Debe tener la forma y la longitud adecuadas para llenar el canal de la llave por completo.

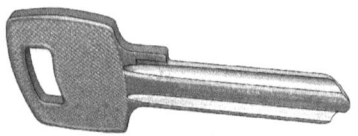

2
Pula la parte superior de la llave en bruto con una lima. No lime demasiado a fondo: solo lo suficiente para alisar las imperfecciones de la superficie de la parte superior de la llave.

Cómo tomar impresiones — Ejemplo

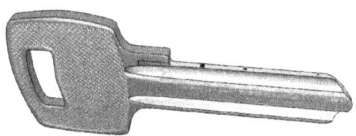

3
Inserte la llave y tome las impresiones contra los pernos. En este ejemplo, aparecen tres marcas sobre la superficie de la llave en bruto. La marca más intensa es la más próxima a la cabeza de la llave, por lo tanto empiece a limar en esa ubicación.

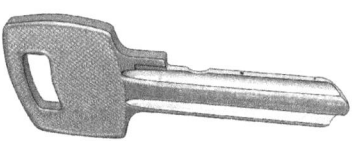

4
Lime una ranura en la ubicación de la marca. Los lados de la ranura no deben ser demasiado empinados y la ranura misma no debe ser muy profunda. Pula la superficie de la ranura para que se puedan notar las marcas posteriores en esa ubicación.

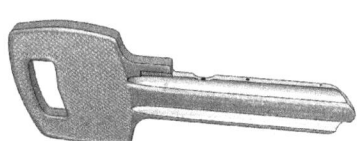

5
Tome una impresión de la llave y vuelva a inspeccionarla con cuidado. Una marca más grande y más fuerte aparece en el medio de la ranura. Esta marca es suficientemente fuerte como para que pueda ser la última que aparezca en esta ubicación.

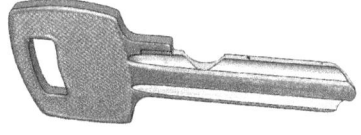

6
Amplíe y profundice ligeramente la ranura en la ubicación marcada. Este proceso de tomar impresiones y limar se debe repetir muchas veces.

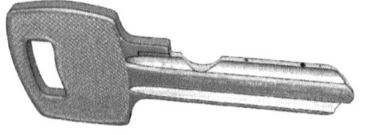

7
Tome una nueva impresión de la llave. La marca en la ranura ya no es visible. En cambio, se puede ver una marca fuerte cerca de la punta de la llave.

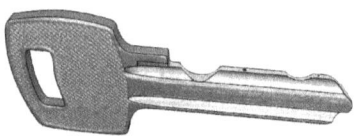

8
Lime una ranura en la ubicación de la marca. Repita varias veces este proceso de toma de impresiones y limado.

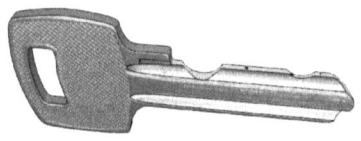

9
Después de otra toma de impresiones, queda una marca intensa en el costado de la pared de la segunda ranura. Esta marca es suficientemente fuerte como para implicar que estamos muy cerca de la profundidad correcta.

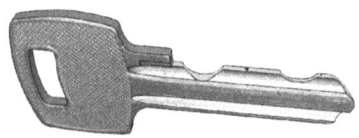

10
No profundice esta ranura. En cambio, ensanche la ranura existente. Al ensanchar la ranura se disminuye la profundidad de la llave debajo de la nueva marca sin aumentar la profundidad máxima de toda la ranura.

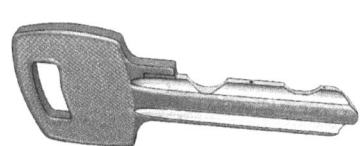

11
Después de otra toma de impresión de la llave, solo quedan dos marcas tenues en la llave, pero la cerradura no abre. Sin embargo, una de las marcas está justo en el medio de las dos ranuras. Como los pernos está separados en forma regular, esto significa que la marca del medio seguramente es una marca real.

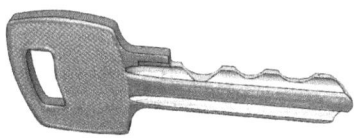

12
Lime una ranura poco profunda debajo de la marca del medio. Repita varias veces la toma de impresiones y el limado.

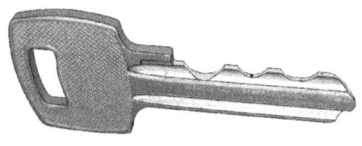

13
Tome una nueva impresión de la llave. Aparece una marca más fuerte en el medio de la ranura. Continúe limando un poco más.

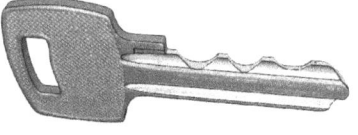

14
Amplíe y profundice la ranura del perno. Pula la llave para que las marcas sean más notorias en la superficie.

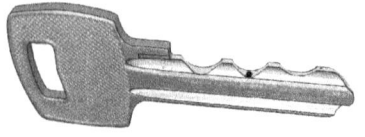

15
Tome una nueva impresión de la llave. Se ve una marca fuerte en el medio de la ranura. Tenga la precaución de no limar demasiado, porque la marca es intensa.

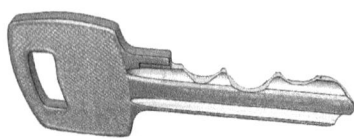

16
Después de ampliar y profundizar levemente la ranura, pula la llave para prepararla para tomar otra impresión.

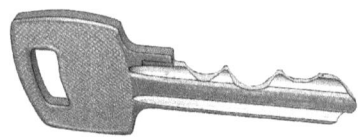

17
Al intentar tomar una nueva impresión de la llave, la cerradura se abre. Sin embargo, al retirar la llave, todavía hay una marca tenue que está presente desde la primera impresión. Es una marca falsa que no nos debe preocupar.

8

Cerraduras de combinación

Cerraduras de combinación

Las *cerraduras de combinación* son cómodas porque no necesitan llaves para funcionar. Esto implica una cosa menos para que el usuario olvide o pierda. También son valiosas para las instituciones que de otra manera tendrían que manejar un gran número de llaves y cerraduras coincidentes. Además, todas las combinaciones se pueden archivar con facilidad y cambiarlas a medida que las cerraduras se asignan a nuevos usuarios. La combinación también se puede compartir para el acceso de visitantes y luego cambiarla con facilidad. Las cerraduras de combinación se pueden encontrar en todas partes, desde los candados baratos para los gimnasios hasta las cajas fuertes de alta seguridad o las bóvedas de los bancos. Ya que no se pueden ganzuar como una cerradura con llave, una cerradura de combinación de alta calidad proporciona una muy buena seguridad.

Cómo funcionan las cerraduras de combinación

La forma más sencilla de abrir estas cerraduras sería descubrir la combinación, a menudo escrita en alguna parte, o preguntársela a la persona adecuada. En lugar de esto, deberá vencer a la cerradura misma. Para entender cómo se pueden violar estas cerraduras, es útil entender primero cómo funcionan. Veremos un ejemplo muy simplificado de cerradura de combinación modelado a partir de un candado de combinación.

Un disco

Fíjese en las partes móviles de esta cerradura. En este dibujo, el disco, el pestillo, la palanca y el arco son esenciales para la cerradura. Hay un agujero en el centro del *disco*. Un eje atraviesa este agujero y permite la rotación del disco. El *pestillo* y la *palanca* también rotan en torno a un perno y están accionados por resorte. Verá que esta cerradura está diseñada para empujar el pestillo dentro de una muesca en el arco. Así se mantiene el candado cerrado, con el arco en su lugar, impedido de salir del cuerpo de la cerradura. Cuando se tira del arco, éste empuja el pestillo y la palanca

Cerraduras de combinación — Cómo funcionan

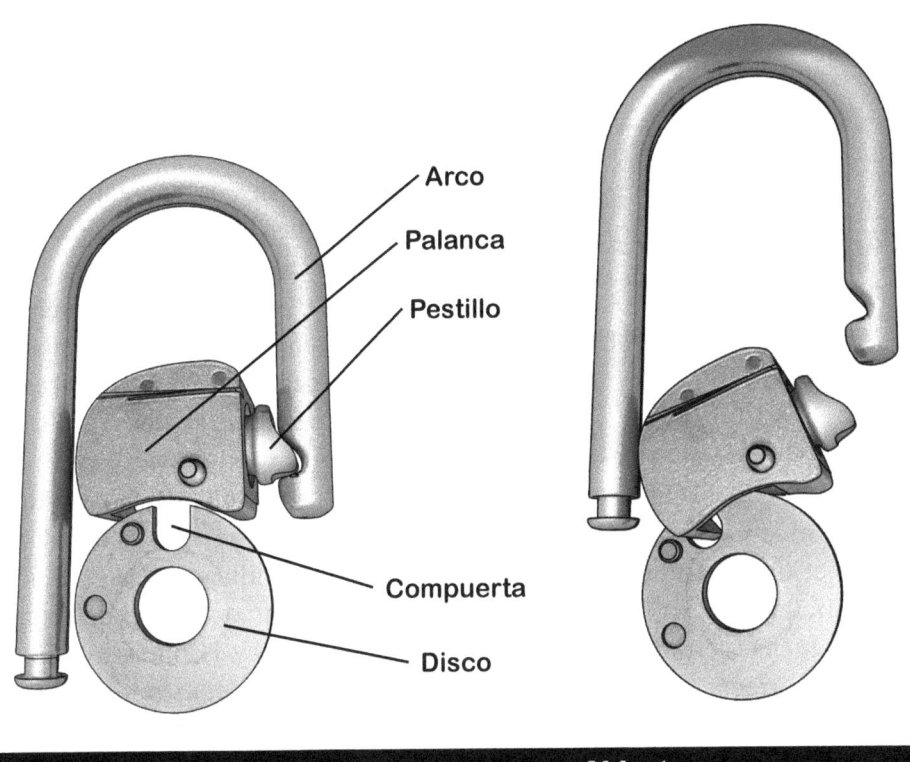

Cerrado - un solo disco

Abierto - Compuerta alineada con la palanca

contra el disco. Cuando el disco está en su lugar, impide el movimiento de la palanca, que mantiene el pestillo firmemente en el arco y el candado cerrado. Si el disco se hace girar hasta la posición adecuada, una *muesca* en el disco, llamada *compuerta*, se alinea con la palanca y permite que giren la palanca y el pestillo. Así se libera el arco y se permite que salte y abra.

Solo se puede abrir la cerradura cuando el disco giró hasta la posición correcta. Imagine un dial con números impresos vinculado a este disco. Para abrir la cerradura, se debe hacer girar el disco hasta el número correcto. Ahora tenemos una cerradura de combinación simple que funciona, pero con un solo número en la combinación.

Obviamente, la cerradura de combinación del ejemplo sería muy sencilla de violar. Nada más haga girar el disco mientras tira del arco. Al tirar del arco se empuja la palanca contra el disco. Haga esto y gire el disco hasta que la muesca del disco se alinee con la palanca. Cuando esto suceda, la palanca

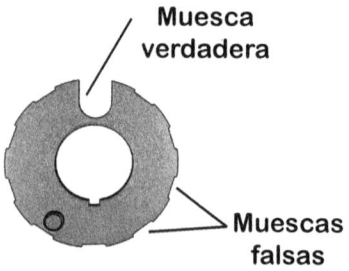

será empujada dentro de la muesca del disco y se abrirá la cerradura. Como puede ver, esta cerradura necesita algunas mejoras.

Por esta razón, los discos en realidad son más complejos que los discos lisos que describimos en el ejemplo anterior. Si el disco fuese liso, salvo por una única muesca, sería muy fácil encontrar la combinación correcta para la cerradura. Los fabricantes impiden esto por medio de un diseño especial del disco frontal. El disco frontal solo tiene una muesca verdadera, también llamada compuerta verdadera, pero tiene muchas muescas falsas, que impiden el giro del dial si se empuja la palanca contra el disco, como se describió antes. Esta modificación hace mucho más difícil descubrir la combinación levantando el arco y haciendo rotar el disco. Muchas cerraduras comunes vienen con entre 9 y 11 muescas falsas y una sola correcta, pero algunas cerraduras baratas están construidas con una sola muesca falsa especialmente diseñada además de la verdadera.

En este momento, es posible que se pregunte cómo la palanca que contiene el pestillo no se traba en estas muescas cuando se hacen girar el dial y el disco frontal. La respuesta es que mientras no tiremos del arco, la palanca se

Cerraduras de combinación Un disco

El resorte de la palanca mantiene la palanca alejada de los discos

mantiene alejada de todos los discos. Hay un resorte vinculado a la palanca, que la hace girar hacia arriba y la separa de los discos.

Todavía sería muy sencillo violar esta cerradura de combinación de un disco, aún con las muescas falsas: solo es necesario probar cada muesca. Por eso, las cerraduras de combinación nunca están hechas con un solo disco. Para hacerlo más difícil se agregan más discos. De hecho, las cerraduras de combinación tienen tantos discos como números haya en la combinación. Las cerraduras de combinación más comunes tiene tres números y tres discos. Cada disco tiene una muesca. Esto significa que todos tienen que estar correctamente posicionados para permitir que la palanca rote y libere el arco. El disco frontal está generalmente conectado en forma directa con el dial giratorio de la cerradura, que tiene los números impresos alrededor de su circunferencia.

Aún con varios discos se necesitan las muescas falsas. De lo contrario se podría tirar del arco o del pestillo mientras se hace girar el disco. Esto forzaría a la palanca a raspar los discos mientras giran. Sería fácil percibir cuándo la palanca raspa sobre la compuerta, y así se descubriría una parte de la combinación. Las muescas falsas suelen estar solo en el disco frontal y los "dientes" del disco se extienden más allá de los otros discos, haciendo que la palanca se atasque si se aplica presión mientras el disco gira.

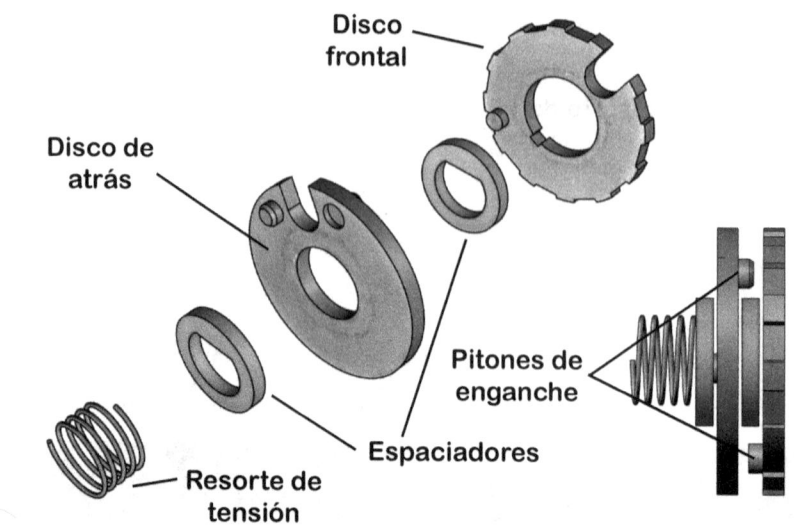

Partes de la cerradura de combinación - solo dos discos

Dos discos

Ahora vamos a complicar un poco las cosas, agregando un segundo disco.

Los discos se separan ligeramente uno de otro con *espaciadores*. Estas arandelas impiden que los discos se toquen o se molesten entre sí. Los discos y los espaciadores a menudo se mantienen unidos por medio de un resorte que presiona los discos. Los discos giran en torno a un perno que atraviesa todos los agujeros centrales, mientras que los espaciadores están diseñados para mantenerse fijos. El resorte que presiona los discos también ayuda a generar una fricción entre los espaciadores y los discos, y mantiene a los discos en el lugar cuando giran hasta la posición correcta. La razón por la cual los espaciadores son necesarios es que no queremos que la rotación de un disco haga girar al disco vecino. Los pernos y los espaciadores están diseñados de modo que el perno sea estacionario y esté acoplado al cuerpo de la cerradura. Los espaciadores, una

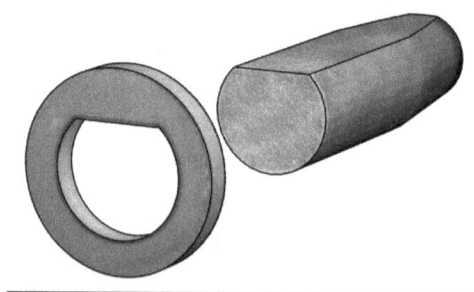

El espaciador no gira

Cerraduras de combinación Dos discos   **167**

vez deslizados en el perno, no pueden girar. Esto impide la transferencia de rotación de un disco a otro.

Lo que hemos descrito hasta ahora son discos simples, en los que el usuario podría hacer girar dial y el disco frontal todo el día, sin mover el disco de atrás. Para que la cerradura funcione, los discos tienen *pitones de enganche*. Los pitones de enganche son pequeñas partes salientes en los lados de los discos que se enfrentan entre sí. Cuando las partes salientes se alinean, hacen contacto; cualquier giro posterior del disco frontal también moverá el disco de atrás a través del contacto de los pitones de enganche.

Cuando se enfrente a una cerradura, es posible que los pitones de enganche no estén en contacto. Sin embargo, si hace girar el disco frontal en sentido horario una vuelta completa, se asegura de que el pitón de enganche se va a encontrar con el pitón del disco siguiente. Como las cerraduras de combinación suelen tener tres discos, generalmente debe hacer girar el dial dos veces para comenzar. Esto asegura que todos los pitones de enganche estén en contacto. Cuando todos los pitones estén en contacto, el giro del dial hará girar a todos los discos. Por esta razón, las instrucciones de estas cerraduras siempre establecen que gire el dial dos veces en sentido horario antes de colocar el primer número de la combinación.

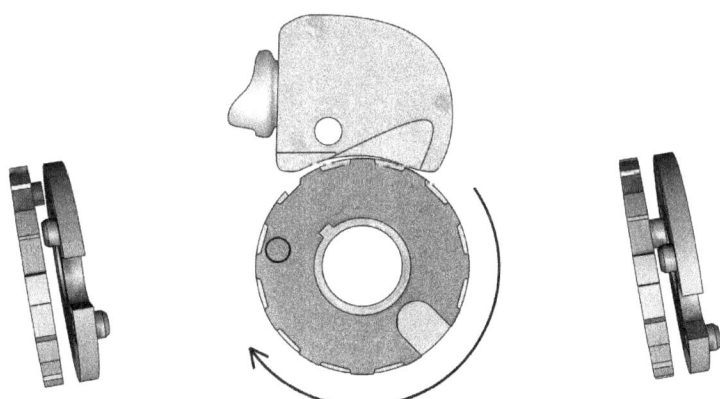

Ponga a cero la cerradura girando varias veces para enganchar los pitones

Una vez que giró inicialmente los discos, puede hacer girar el dial hasta el primer número. Cuando se coloca el número, el disco de atrás queda en la posición correcta. El disco de atrás debe tener la muesca alineada con la palanca del pestillo en este punto. La cerradura todavía no se abre, porque la muesca del disco frontal no está alineada.

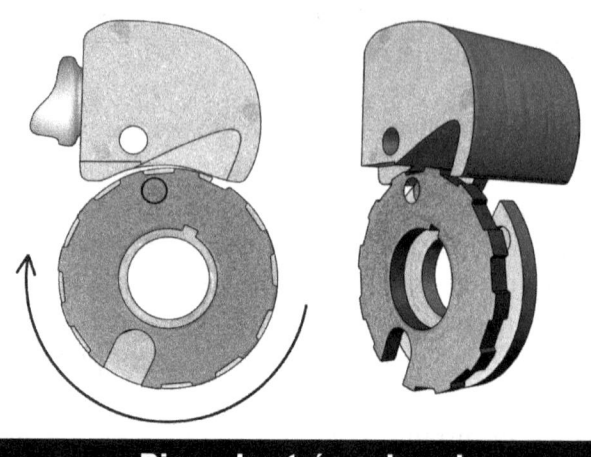

Disco de atrás colocado

Ahora solo debe girar el disco frontal hasta su posición correcta. Si siguiera girando el disco frontal en sentido horario seguiría moviendo el disco de atrás, y lo sacaría de su posición. Pero si hace girar el disco frontal en la dirección contraria, el pitón de enganche se libera y no interfiere con el disco de atrás. Es importante no hacer girar el disco frontal más de una vuelta completa hacia atrás o el pitón volverá a engancharse del otro lado. Solo debe girar el disco hacia atrás hasta el segundo número correcto, ahora ambos discos tienen las muescas alineadas con la palanca, ¡y permiten abrir la cerradura!

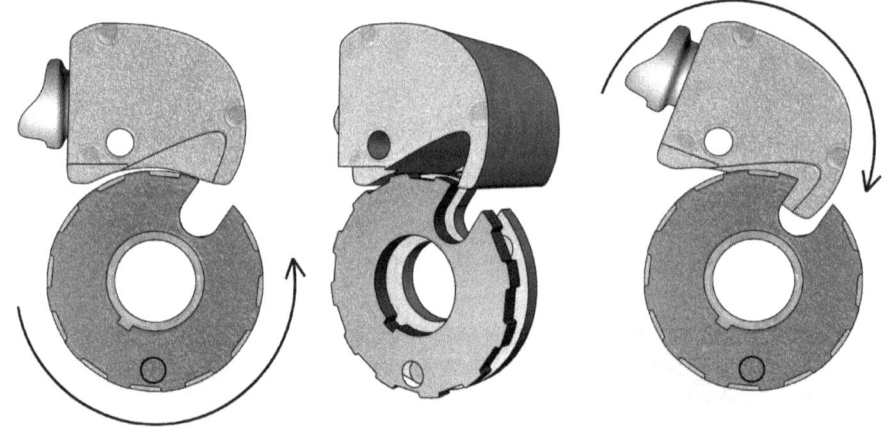

Ambos discos colocados   **¡La cerradura se abre!**

Cerraduras de combinación Tres discos

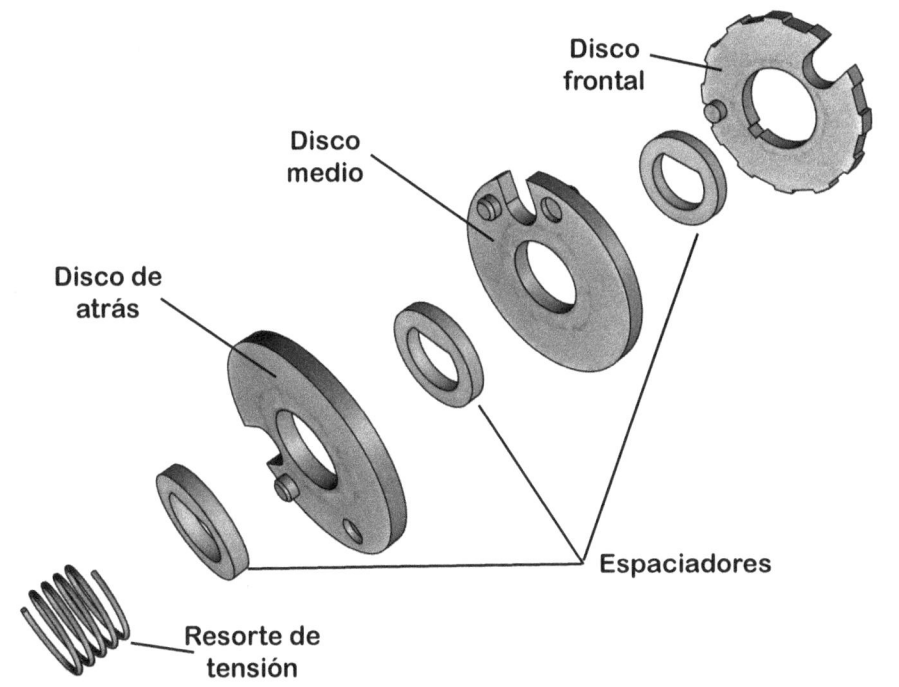

Partes de la cerradura de combinación - tres discos

Tres discos

La mayoría de las cerraduras de combinación tienen tres discos para hacerlas más seguras. Vamos a agregarle un tercer disco a nuestro ejemplo y veamos cómo queda:

Para abrir las cerraduras de combinación con tres discos, también se debe comenzar con el giro en sentido horario hasta que todos los pitones de los discos se enganchen. Esto significa que debe dar una vuelta para asegurarse de que el disco frontal enganche al disco medio y luego dar otra vuelta para asegurarse de que el disco medio enganche al disco de atrás. Luego siga girando en sentido horario hasta el primer número; en ese punto la muesca del disco

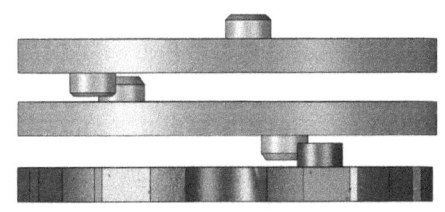

Discos puestos a cero - todos los pitones enganchados

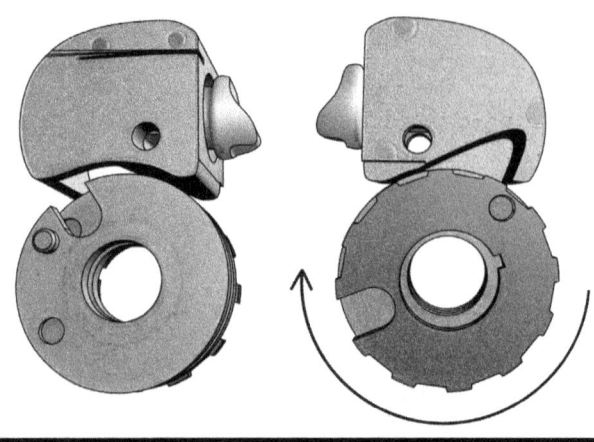

1° número - disco de atrás colocado

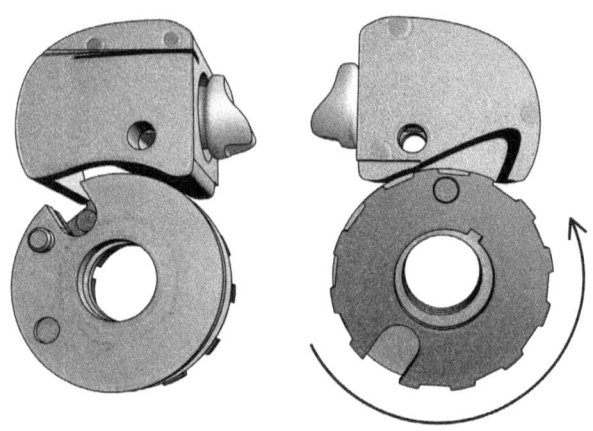

2° número - disco de atrás y del medio colocados

de atrás se alinea con la palanca. El primer número y el primer disco están prontos. A continuación debe colocar el disco medio. El pitón de enganche del disco frontal, que está vinculado al dial, debe mover el disco medio. Si continuara la rotación del dial en sentido horario seguiría girando el disco de atrás y lo sacaría de su posición. Por eso, ahora debe dar una vuelta completa en sentido antihorario para que el pitón del disco frontal se enganche con el otro lado del pitón del disco medio. Ahora puede mover el disco medio en sentido antihorario la cantidad necesaria para girarlo hasta la posición correcta, en la que la muesca también se alinea con la palanca. Por esta razón, las instrucciones para estas cerraduras establecen que después de colocar el primer número, debe girar el dial una vuelta completa en sentido antihorario antes de girar hasta el segundo número. En este punto, los discos de atrás y del medio están colocados en posición, y solo el disco frontal mantiene la palanca en el lugar y la cerradura trabada. Al igual que antes, el disco frontal debe girar en dirección opuesta, que ahora es otra vez en sentido horario. Así se evita que el pitón de enganche del disco frontal altere la posición del disco medio. Como el dial maneja directamente el disco frontal, puede colocar la posición correcta con facilidad, sin girar una vuel-

Cerraduras de combinación Tres discos

ta completa. De hecho, si diera más de una vuelta, movería el disco medio. Debido a que los pitones de enganche entrarían nuevamente en contacto. Recuerde siempre que la ubicación de la muesca del disco de atrás se asocia al primer número de la combinación. La ubicación de la muesca del disco medio se relaciona con el segundo número y el disco frontal, vinculado con el dial, se asocia con el tercer y último número de la combinación.

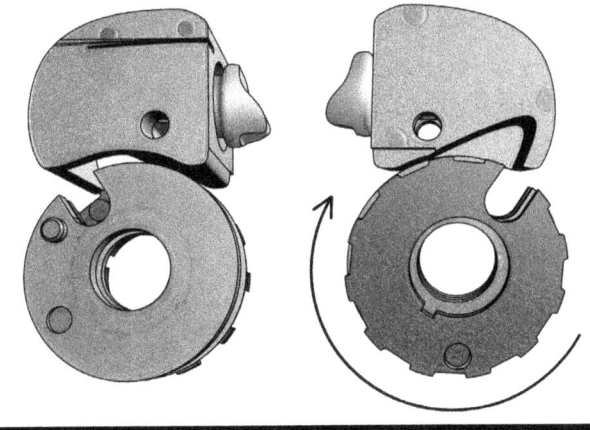

3° número - todos los discos colocados

Ahora ya casi tiene una idea completa de cómo funciona la cerradura. Quedan unos pocos detalles que completarán la imagen.

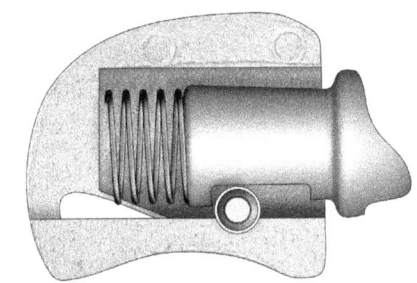

Pestillo con resorte dentro de la palanca

Vamos a observar una vista recortada del pestillo y la palanca. Fíjese que el pestillo mismo está accionado por resorte. Fíjese también que el perno que atraviesa el agujero a la vez impide que el pestillo se salga de la carcasa. El perno no sólo sirve de eje de giro para la carcasa, sino que además mantiene las piezas unidas. La razón por la que el pestillo está accionado por resorte dentro de la palanca, la cual también está accionada por resorte, es para permitir que el arco pueda cerrarse sin necesidad de colocar la combinación. Simplemente, se puede empujar el arco hacia adentro de la cerradura y el pestillo se retrae. Una vez que está insertado, el resorte impulsa al pestillo hacia la muesca del arco y lo mantiene en su lugar. Una forma de vencer las cerraduras antiguas y mal fabricadas era simplemente empujar algo delgado hacia adentro de la cerradura y deslizar el pestillo hacia adentro de la carcasa, permitiendo así la apertura del arco. Las cuñas para candados se venden con este fin. Deben ser muy finas y fuertes. La fabricación moderna y las cerraduras de buena calidad tienen tolerancias más ajustadas para evitar este método de apertura.

Ahora vamos a juntar las piezas y a examinar esta disección de la cerradura completa. Ya debería tener una idea clara de cómo funcionan las cerraduras de combinación. Le sugerimos que compre varias cerraduras de combinación para que pueda desarmar una y usar las demás para practicar. A menudo, la forma más sencilla de desarmar una de esas cerraduras es hacer palanca para separar el metal que une la placa trasera a la cerradura.

Cómo descifrar las cerraduras de combinación

Ya está listo para aprender las habilidades que le permitirán abrir muchos candados comunes de combinación sin conocer previamente el verdadero código. Esta técnica puede no ser aplicable a cerraduras mejores, más sofisticadas y más caras. La idea es que el trabajo de encontrar la combinación correcta sea lo más sencillo posible. Estas cerraduras de combinación suelen tener 40 números en el dial y tres discos, lo que significa que las combinaciones se componen de tres números. En teoría, tres números con 40 posibilidades cada uno brinda 40 x 40 x 40 = 64.000 combinaciones

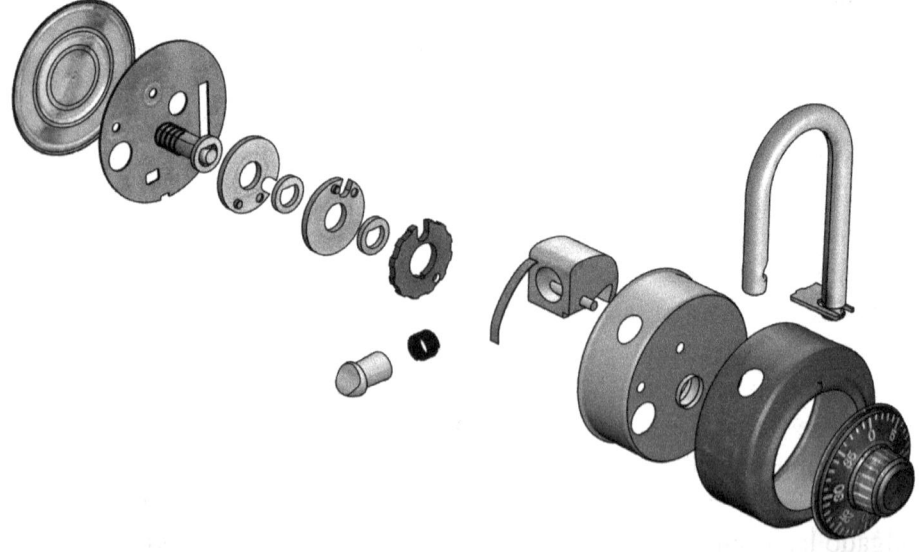

Partes de la cerradura de combinación

Cerraduras de combinación Cómo descifrarlas

posibles en total. Llevaría mucho tiempo probarlas de a una. No se preocupe. No debería ser necesario probar cada una de estas posibilidades para abrir la cerradura. Le daremos técnicas que puede usar para deducir qué combinaciones probar para encontrar la correcta mucho más rápido.

Dial de la cerradura de combinación

El falseo de cerraduras es generalmente un juego contra las tolerancias de fabricación; lo mismo vale para las cerraduras de combinación. Esto significa que, para muchas cerraduras, se puede estar uno o dos números a la izquierda o a la derecha del número verdadero. Considere que posiblemente el número indicado en la combinación publicada no sea el número central sobre la compuerta verdadera. Por eso, puede ser que aunque esté desplazado un solo número del número publicado, no pueda abrir la cerradura. Pero en esos casos, es posible que del otro lado funcionen números más desplazados del número publicado. Esto significa que en vez de enfrentarse al número exacto, es posible colocar el dial en un rango de números vecinos y la cerradura igual abre. Los números que vienen con la cerradura caen dentro del rango de las aberturas de las muescas. Los números publicados no están necesariamente en la mitad del rango. De hecho, es muy probable que algunos números estén en el extremo del rango aceptable. Por eso, suele ser menos evidente para los observadores que alcanza con probar solo una fracción de las combinaciones posibles para encontrar la combinación.

Para ahorrar costos de fabricación, el disco del medio y el de atrás no se suelen fabricar en todas las 40 variaciones posibles. En realidad, solo suele haber 10 variaciones de cada disco de las cuales preocuparse. Si puede determinar dónde se alinea el centro de las muescas, podrá limitar los discos de atrás a solo 10 números cada uno. También existen trucos que puede usar para encontrar el tercer número mucho más rápido que probando las combinaciones únicas.

Discos de diez muescas

Consideremos el caso de que haya nueve muescas falsas y una correcta en el disco frontal. El disco frontal se podría vincular al dial con la muesca verdadera bajo cualquiera de los 40 números. El centro de la muesca verdadera puede estar en cualquiera de esas 40 ubicaciones debajo de cada número. Si puede descubrir dónde están los centros de las muescas falsas y de la verdadera, al menos podría restringir las opciones de ubicación de la verdadera muesca a solo diez posibilidades. Esto es

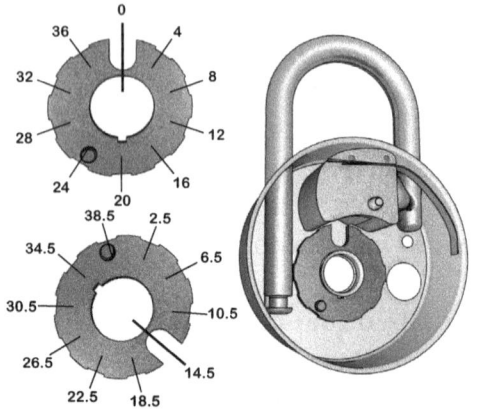

Ejemplo de distribución de muescas

mucho mejor que 40, y está bien encaminado para reducir las combinaciones posibles. Por la descripción de la cerradura de combinación, ya sabe que es posible determinar cuándo está trabado el pestillo dentro de la muesca. Es posible que no sepa distinguir si se trata de una muesca falsa o real, pero el conocimiento de la ubicación del centro de la muesca brinda información útil sobre la cerradura.

Comience girando el dial tres veces en sentido antihorario. Detenga la rotación en sentido antihorario cuando llegue a cero. Así se asegura de que cuando gire el dial en sentido horario no moverá otros discos que interfieran con la lectura de las muescas. A continuación, tire del aro y comience a girar el dial en sentido horario hasta que llegue a la primera muesca (no importa si es real o falsa). Sabrá que el pestillo está atascado en una muesca porque será más difícil mover el dial en cualquier dirección mientras se mantenga la tensión en el arco. Continúe tirando del arco, gire en sentido horario todo lo que avance el dial y recuerde ese número, luego gire en sentido antihorario todo lo que avance el dial y recuerde ese número. Los dos números deben tener muy poca diferencia entre ellos. El número en el medio de los dos es el centro de la muesca. Libere cierta presión del arco para poder avanzar a la siguiente muesca. Una vez que esté en la muesca, encuentre el centro. Siga encontrando los centros de las muescas hasta completar el círculo y llegue otra vez a cero. Los centros de las muescas deberían estar separados uniformemente entre sí. Debería encontrar entre diez y doce muescas. Algunas cerraduras baratas solo tienen dos muescas. Las cerraduras más caras y menos comunes pueden tener configuraciones diferentes, o puede ser que las muescas no están uniformemente separadas. Por el momento, seguiremos describiendo el ejemplo con diez muescas. Lo que aprenda aquí será útil cuando discutamos otros estilos de cerraduras.

Ahora que recogió la posición de los centros de diez muescas, conoce la distribución de los centros de las muescas del disco frontal. Los centros de las muescas deberían estar uniformemente distribuidos en el disco. La siguiente tabla presenta cuatro distribuciones posibles de las muescas del disco frontal. Fíjese que solo hay 4 distribuciones posibles, no 40. Si rotáramos los centros de las muescas un número más allá de la cuarta distribución, sería igual a la primera, porque las muescas están distribuidas uniformemente. Por este motivo, la distribución uniforme se compone de centros de muescas únicos. Si los centros de las muescas caen en números intermedios, no se preocupe. Tome la distribución más próxima o agregue un medio a cada una. Si el ancho de la muesca no permitió que funcionara el entero más próximo, entonces tampoco funcionará la combinación de enteros publicada. Al comienzo había 40 posibles ubicaciones para la

**Cerradura de 10 compuertas -
4 distribuciones diferentes del centro de la muesca**

0	1	2	3
4	5	6	7
8	9	10	11
12	13	14	15
16	17	18	19
20	21	22	23
24	25	26	27
28	29	30	31
32	33	34	35
36	37	38	39

muesca verdadera. Una vez que deduzca cuál es la columna que coincide con su distribución, habrá limitado las posibilidades a 10 ubicaciones. Recuerde que la muesca verdadera puede estar en cualquiera de las diez posiciones de esa distribución.

Los centros de las posiciones posibles de las muescas en los discos de atrás generalmente coinciden con la distribución de las ubicaciones posibles de las muescas del disco frontal. Por ejemplo, si la distribución de las muescas en el disco frontal era 0, 4, 8, 12, 16, 20, 24, 28, 32 y 36, entonces esos también son los números posibles para las muescas en el disco de atrás. El disco medio es un poco diferente. Cuando se manipula el disco medio, los pitones de enganche se estarán tocando por los lados opuestos. Eso significa que se debe sumar el espesor de dos pitones de enganche a cada una de las posibles ubicaciones para el segundo número. En este tipo de cerradura, eso significa sumarle 2 a cada número. De este modo, los números posibles serían 2, 6, 10, 14, 18, 22, 26, 30, 34 y 38. La siguiente tabla muestra todas las posibles combinaciones de primer y segundo número, que representan a los discos de atrás y del medio, para una distribución en particular. Cada distribución tendrá una tabla diferente, similar a ésta. Si el disco frontal tiene muescas centradas en 1,5, 5,5, 9,5, 13,5, 17,5, 21,5, 25,5, 29,5, 33,5 y 37,5, la tabla las muestra como posibles ubicaciones del disco de atrás y el

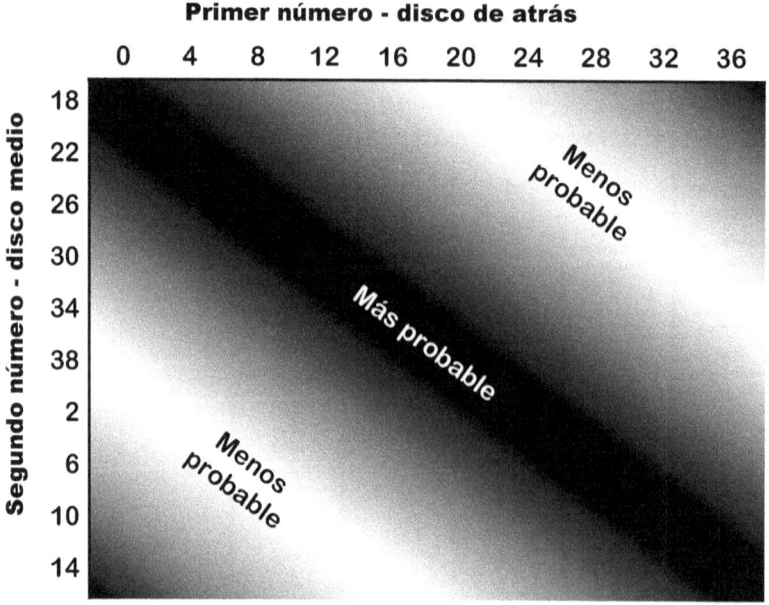

Cerraduras de combinación Cómo descifrarlas

disco del medio tendría las muescas en 3,5, 7,5, 11,5, 15,5, 19,5, 23,5, 27,5, 31,5, 35,5 y 39,5.

Como puede ver, hay 100 combinaciones diferentes de primer y segundo número: 10 ubicaciones posibles de la primera muesca verdadera por 10 ubicaciones posibles de la segunda muesca verdadera. Sin embargo, el primer y el segundo número no pueden ser muy similares, porque el pitón tendría que enganchar del lado opuesto y perturbaría al disco de atrás cuando se intentara colocar el disco medio. Esto elimina al menos 10 posibilidades, tal vez más, dejando 90 combinaciones posibles o menos: todavía son muchos intentos. Para facilitarle el trabajo, no todas las combinaciones de los primeros dos números son igualmente probables. Muchos fabricantes prefieren separar las posiciones de las muescas por aproximadamente media vuelta. Esto significa que cualquiera sea el primer número, es muy probable que el segundo número esté del otro lado del dial. Por lo tanto, si el primer número es muy alto o muy bajo, el segundo estará por el medio. Si el primer número está en el medio del rango de valores, el segundo probablemente esté en el extremo superior o inferior del rango. Mientras que estas combinaciones son las más frecuentes, los fabricantes ciertamente no quieren que sus cerraduras sean demasiado fáciles de descifrar. Por eso, harán algunas combinaciones poco probables para mantenernos ocupados. La gráfica muestra las probabilidades de cada combinación.

**Cerradura de 10 compuertas -
Primeros dos números a probar para la dist. A**

Pruebe el primer número...	Después pruebe el segundo número...							
	Más probable			-------------------->			*Menos probable*	
0	18	14	22	10	26	6	30	2	34
4	22	18	26	14	30	10	34	6	38
8	26	22	30	18	34	14	38	10	2
12	30	26	34	22	38	18	2	14	6
16	34	30	38	26	2	22	6	18	10
20	38	34	2	30	6	26	10	22	14
24	2	38	6	34	10	30	14	26	18
28	6	2	10	38	14	34	18	30	22
32	10	6	14	2	18	38	22	34	26
36	14	10	18	6	22	2	26	38	30

Cuando esté buscando el código correcto, debe probar primero las combinaciones más probables del primer número con el segundo, y luego pasar a las menos probables. Para utilizar esta tabla, primero coloque el disco de atrás en el primer número. Luego mire la fila a la derecha para ver los posibles segundos números que debe probar para la muesca verdadera en el disco medio. Comience a probar cada fila con las columnas más probables, y luego repita la fila con las columnas cada vez menos probables.

Si, por medio de uno de los métodos descritos más adelante, conoce el tercer número, tiene una ventaja adicional. Saltee todas las combinaciones con un segundo número similar al tercero, y concéntrese en las filas que tienen un primer número similar al tercero que ya conoce. Esta tabla muestra las diferentes posibilidades de los discos de atrás y del medio para la distribución de la primera muesca: cuando el centro de la primera muesca está en 0. Puede encontrar tablas para las cuatro distribuciones diferentes al final de esta sección. Puede copiar estas tablas para poder tachar combinaciones e ignorar los segundos y terceros números similares y las combinaciones que ya probó.

Es necesario probar cada una de las combinaciones únicas de los dos primeros números por separado. Encontrar el tercer número es mucho más fácil. Ya aprendió como avanzar con lógica a través de las combinaciones más probables de los discos de atrás y del medio. Después de probar cada combinación puede probar rápidamente todos los números restantes del disco frontal. Cuando prueba cada combinación de dos números, pruebe cada uno de los 9 terceros números posibles con una rotación simple del disco frontal. Probar con rapidez las 9 combinaciones del tercer número es una habilidad que, cuando se domina, acelera mucho el descubrimiento de esa combinación esquiva. Hay solo 9 posibilidades, no 10, porque el segundo y el tercer número no pueden ser iguales ni apenas diferentes.

Esta etapa del trabajo puede tomar la mayor parte de su tiempo. Si el disco frontal no tuviese muescas falsas, alcanzaría con tirar del arco y girar el disco frontal hasta que el pestillo cayera en la muesca. Lamentablemente, la vida no es tan simple. Es realmente útil desarrollar habilidades que compensen las dificultades agregadas por las muescas falsas. Aprenda a liberar cierta presión del arco cuando la carcasa del pestillo y la palanca se atascan en una muesca falsa. Debe liberar la presión justa para poder avanzar hasta la muesca siguiente, pero no tanta como para saltearse una muesca entera. Cualquier muesca que saltee podría ser la correcta. Con el dominio de esta habilidad, podrá probar rápidamente todas las muescas del disco frontal en un solo giro. A los efectos del entrenamiento, puede probar varias cerraduras de combinación con 1, 9 o 11 muescas falsas. Coloque los dos primeros números en todos ellos y trate de buscar el tercero sin recordarlo de antemano. Trate de percibir todas las muescas falsas hasta que alcance la verdadera. Debe aprender a equilibrar la fuerza aplicada al arco y la fuerza de rotación aplicada al dial. En cierto modo, esta habilidad de equilibrar las fuerzas es similar a manejar un auto con cambios manuales, con la diferencia de que se están usando las manos y no los pies. Con práctica, esta habilidad le ahorrará la mayor parte del tiempo que lleva encontrar la combinación correcta.

Hay otros trucos que simplifican las pruebas del tercer número. Cuando tira del arco y gira el dial, fíjese si el disco gira con o sin fricción. Si hay resistencia al giro del disco mientras eleva el arco, la palanca debe de estar raspando contra una muesca falsa cortada menos profunda que las de los discos de atrás. Como el disco está directamente vinculado al dial, la presión del arco empuja la palanca hacia el disco frontal y mantiene el dial en el lugar con fricción. Esto significa que la muesca es obviamente falsa y que no hay necesidad de probarla como posible tercer número cada vez.

Por otro lado, si el disco gira con suavidad a pesar de la fuerza aplicada al arco, no puede saber si la muesca es verdadera o falsa. Si una muesca falsa está cortada más profunda que las de los otros discos, no se puede distinguir de la muesca verdadera. Si hay solo una muesca que se comporta de esta manera, ¡encontró el tercer número! Aunque haya algunas muescas que no presenten fricción, este conocimiento es útil. Elija una de estas muescas dudosas y solo pruebe esa en cada par de los dos primeros números. Si una de las muescas del disco frontal permite que el disco gire con libertad, ya sabe que los dos primeros no son correctos porque la palanca está trabada en uno de los discos de atrás. Más tarde, cuando pruebe una combinación diferente, si esta misma muesca resiste el disco y "traba" cuando se tira del arco, ¡querrá decir que los dos primeros números son correctos! Después de eso, solo es cuestión de probar todas las posibles muescas verdaderas restantes.

Cerradura de 10 compuertas - Primeros dos números a probar para la dist. A

Pruebe el primer número...	Más probable			Después pruebe el segundo número... -------------------->					Menos probable
0	18	14	22	10	26	6	30	2	34
4	22	18	26	14	30	10	34	6	38
8	26	22	30	18	34	14	38	10	2
12	30	26	34	22	38	18	2	14	6
16	34	30	38	26	2	22	6	18	10
20	38	34	2	30	6	26	10	22	14
24	2	38	6	34	10	30	14	26	18
28	6	2	10	38	14	34	18	30	22
32	10	6	14	2	18	38	22	34	26
36	14	10	18	6	22	2	26	38	30

Cerradura de 10 compuertas - Primeros dos números a probar para la dist. B

Pruebe el primer número...	Más probable			Después pruebe el segundo número... -------------------->					Menos probable
1	19	15	23	11	27	7	31	3	35
5	23	19	27	15	31	11	35	7	39
9	27	23	31	19	35	15	39	11	3
13	31	27	35	23	39	19	3	15	7
17	35	31	39	27	3	23	7	19	11
21	39	35	3	31	7	27	11	23	15
25	3	39	7	35	11	31	15	27	19
29	7	3	11	39	15	35	19	31	23
33	11	7	15	3	19	39	23	35	27
37	15	11	19	7	23	3	27	39	31

Cerraduras de combinación Tablas de marcado

Cerradura de 10 compuertas - Primeros dos números a probar para la dist. C

Pruebe el primer número...	Más probable				Después pruebe el segundo número... ------------------->				Menos probable
2	20	16	24	12	28	8	32	4	36
6	24	20	28	16	32	12	36	8	0
10	28	24	32	20	36	16	0	12	4
14	32	28	36	24	0	20	4	16	8
18	36	32	0	28	4	24	8	20	12
22	0	36	4	32	8	28	12	24	16
26	4	0	8	36	12	32	16	28	20
30	8	4	12	0	16	36	20	32	24
34	12	8	16	4	20	0	24	36	28
38	16	12	20	8	24	4	28	0	32

Cerradura de 10 compuertas - Primeros dos números a probar para la dist. D

Pruebe el primer número...	Más probable				Después pruebe el segundo número... ------------------->				Menos probable
3	21	17	25	13	29	9	33	5	37
7	25	21	29	17	33	13	37	9	1
11	29	25	33	21	37	17	1	13	5
15	33	29	37	25	1	21	5	17	9
19	37	33	1	29	5	25	9	21	13
23	1	37	5	33	9	29	13	25	17
27	5	1	9	37	13	33	17	29	21
31	9	5	13	1	17	37	21	33	25
35	13	9	17	5	21	1	25	37	29
39	17	13	21	9	25	5	29	1	33

Algunas veces el trabajo no es así de fácil. Cuando el diámetro del disco frontal es más chico que el de los discos de atrás, no podrá percibir las compuertas falsas. Sin embargo esto no es común, porque simplemente se podría hacer girar los tres discos y percibir las leves interrupciones que marcan las muescas de los discos de atrás. El problema viene con las cerraduras finamente maquinadas, en las que los discos son todos casi del mismo diámetro. Esto dificulta la percepción de la ubicación de las muescas. Podrá percibir algunas de ellas, pero no todas. Intente menear el dial e inclinarlo, si puede. Lo mejor que puede obtener son leves variaciones de la resistencia cuando hace girar el dial. Haga lo mejor que pueda y elija la distribución con mayor coincidencia.

Resumen

Tal como aprendió antes, con las cerraduras comunes de este tipo, hay 80 formas de conectar el dial con el disco frontal debajo de cada número o fracción, pero solo 40 o menos son las importantes, ya que la cerradura debe funcionar con números enteros. Esta cerradura de ejemplo tiene cuatro distribuciones de muescas en ese disco frontal, con 10 posibilidades para la muesca verdadera en todos los discos para cada distribución. Debido a que puede saber cuál es la distribución que usa la cerradura si percibe las muescas, en realidad hay solo 10 posibilidades para cada número. Eso nos daba 10 x 10 x 10 = 1.000 combinaciones para probar. Como no puede haber dos números iguales o similares en una línea, en realidad solo quedan 9 posibilidades para el segundo y el tercer número. Por eso, solo hay 10 x 9 x 9 = 810 combinaciones para probar. ¡Es mucho menos que 64.000! Pudimos mejorar esto con las técnicas para probar solo un tercer número por cada para de los dos primeros, y probar todas las posibilidades del tercer número en un solo giro del dial. Así se reduce a solo 90 conjuntos únicos de primer y segundo número. Pero aún lo mejoramos. Recuerde que sabemos que los números vecinos en la combinación están muy probablemente separados por media vuelta del dial. Por eso, para poder obtener las mejores posibilidades de encontrar los dos primeros números, solo es necesario verificar 30 combinaciones de las tres primeras columnas más probables de primer y segundo número. Utilizando estas técnicas, ¡en solo 30 conjuntos de primer y segundo número están las mayores probabilidades de encontrar la combinación correcta!

Discos de doce muescas

Para que las cerraduras de combinación sean más difíciles de descifrar, muchas cerraduras tienen distribuciones de doce muescas en el disco frontal, en lugar de diez. Con cerraduras comunes de este tipo, los discos de atrás igual tienen solo 10 posibilidades diferentes cada uno. Debido a que el número de muescas del disco frontal es diferente del número de posibles ubicaciones de la muesca verdadera de los discos de atrás, la técnica para descifrarlas es inversa. Comenzamos con el tercer número y luego probamos los distintos conjuntos de los dos primeros.

Cerradura de doce muescas

Al igual que en los discos comunes de diez muescas, es posible que el disco frontal esté vinculado al dial con el centro de la muesca verdadera alineado debajo de un número o una fracción. Se indican diez distribuciones comunes de las muescas. El primer paso es encontrar cuál es la distribución de muescas del disco frontal. Registre los centros de cada muesca que encuentre y busque las coincidencias con las distribuciones de ejemplo. Dado que los discos de atrás solo tienen 10 posibilidades cada uno, aún sirven las tablas de combinaciones de los dos primeros números de la sección anterior. Más adelante discutiremos una técnica más rápida, pero por ahora vea cómo el ejemplo de las cerraduras de diez muescas también debe funcionar aquí. El problema ahora es que aunque conozca la distribución de las muescas, no sabe necesariamente cuál de las cuatro tablas utilizar. Deberá elegir un tercer número y luego utilizar una tabla de coincidencias que contenga ese número como un primer número posible. Pruebe las diferentes combinaciones de los dos primeros números con el tercer número que eligió. Si el tercer número elegido fuese correcto, encontraría la combinación correcta en esa tabla. En caso contrario, el tercer número elegido no es correcto y deberá repetir el proceso con otro tercer número y otra tabla.

**Cerradura de 12 compuertas -
10 distribuciones populares del centro de la muesca**

0.5	1.5	2.5	3.5	4.5	5.5	6.5	7.5	8.5	9.5
3.8	4.8	5.8	6.8	7.8	8.8	9.8	10.8	11.8	12.8
7.2	8.2	9.2	10.2	11.2	12.2	13.2	14.2	15.2	16.2
10.5	11.5	12.5	13.5	14.5	15.5	16.5	17.5	18.5	19.5
13.8	14.8	15.8	16.8	17.8	18.8	19.8	20.8	21.8	22.8
17.2	18.2	19.2	20.2	21.2	22.2	23.2	24.2	25.2	26.2
20.5	21.5	22.5	23.5	24.5	25.5	26.5	27.5	28.5	29.5
23.8	24.8	25.8	26.8	27.8	28.8	29.8	30.8	31.8	32.8
27.2	28.2	29.2	30.2	31.2	32.2	33.2	34.2	35.2	36.2
30.5	31.5	32.5	33.5	34.5	35.5	36.5	37.5	38.5	39.5
33.8	34.8	35.8	36.8	37.8	38.8	39.8	0.8	1.8	2.8
37.2	38.2	39.2	0.2	1.2	2.2	3.2	4.2	5.2	6.2

Afortunadamente, de las doce posibles ubicaciones de la muesca no todas tienen la misma probabilidad de ser el tercer número. Fíjese que muchas de ellas están centradas sobre fracciones. Asumiendo que las fracciones son suficientemente estrechas, no pueden ser un tercer número porque no cubren un número entero. Los números en negrita son los que tienen más probabilidades de ser un tercer número real. Ahora fíjese bien en los verdaderos centros de las muescas y los anchos que registró. Todas las muescas que no incluyen un entero con suficiente margen como para colocarlo con facilidad, no son terceros números posibles. Además, perciba la facilidad con la que gira el dial en cada muesca cuando tira del arco. Si en alguna de las muescas hay resistencia contra el giro del dial mientras tira del arco, la palanca está empujando contra una muesca falsa poco profunda y sabrá que no es un tercer número posible. Esto debería limitar las posibilidades del tercer número a una cifra manejable. Ahora busque muescas que parezcan diferentes. Una que se desvíe del patrón, tal vez, o que sea más ancha que el resto. La verdadera muesca a menudo es única por alguna razón, si tiene suerte, será obvio.

Aquí hay otras diez posibles distribuciones de muescas que quedan en medio del conjunto de las diez anteriores, y que puede ser útil con algunos fabricantes. Los diferentes estilos de cerraduras pueden tener incluso diferentes distribuciones, con las 12 muescas separadas de manera uniforme ligeramente rotadas.

Cerradura de 12 compuertas - otras 10 distribuciones del centro de la muesca

0.0	1.0	2.0	3.0	4.0	5.0	6.0	7.0	8.0	9.0
3.3	4.3	5.3	6.3	7.3	8.3	9.3	10.3	11.3	12.3
6.7	7.7	8.7	9.7	10.7	11.7	12.7	13.7	14.7	15.7
10.0	**11.0**	**12.0**	**13.0**	**14.0**	**15.0**	**16.0**	**17.0**	**18.0**	**19.0**
13.3	14.3	15.3	16.3	17.3	18.3	19.3	20.3	21.3	22.3
16.7	17.7	18.7	19.7	20.7	21.7	22.7	23.7	24.7	25.7
20.0	**21.0**	**22.0**	**23.0**	**24.0**	**25.0**	**26.0**	**27.0**	**28.0**	**29.0**
23.3	24.3	25.3	26.3	27.3	28.3	29.3	30.3	31.3	32.3
26.7	27.7	28.7	29.7	30.7	31.7	32.7	33.7	34.7	35.7
30.0	**31.0**	**32.0**	**33.0**	**34.0**	**35.0**	**36.0**	**37.0**	**38.0**	**39.0**
33.3	34.3	35.3	36.3	37.3	38.3	39.3	0.3	1.3	2.3
36.7	37.7	38.7	39.7	0.7	1.7	2.7	3.7	4.7	5.7

Una vez que haya elegido el tercer número, seleccione la tabla que contenga ese número en la distribución del primer número. Puede probar todas las combinaciones de la tabla, pero no será necesario esta vez. Obviamente, como ya eligió un tercer número, solo va a probar ese tercer número elegido, en lugar de todos ellos. Esto ahorra algo de tiempo. Para ahorrar más tiempo, recuerde que el segundo y el tercer número no pueden ser muy semejantes entre sí. Esto significa que puede saltear o tachar los conjuntos posibles de primer y segundo número en la tabla en los que el segundo número es similar al tercero que eligió. Por último, ahorre más tiempo probando las combinaciones más probables primero. Estos significa concentrarse en las filas que tienen un primer número similar al tercero que eligió. Si el tercer número seleccionado es correcto, es más fácil encontrar la combinación que en las cerraduras de diez muescas; en caso contrario, probar los diferentes terceros números puede tomar más tiempo.

Para ahorrar aún más tiempo, existe una técnica avanzada de marcado que puede utilizar. Cuando se utiliza este enfoque, no es necesario marcar cada combinación individualmente. Normalmente, cuando se ingresa una combinación, se debe poner a cero los discos haciéndolos girar varias veces en sentido horario, se coloca el primer disco, se gira una vez en sentido antihorario, se coloca el segundo disco y luego se coloca el tercer disco. Son muchas vueltas. Cuando se prueban muchas combinaciones con los mismos primer y tercer números, no es necesario poner a cero los discos cada vez.

En cambio, puede hacer el proceso normal con el primer número que quiere probar. Luego, en lugar de poner a cero los discos, mantenga el disco de atrás en el lugar y sólo ajuste el disco medio al nuevo número y pruebe otra vez. Debería poder probar todos los diferentes segundos números sin tocar el disco de atrás.

El truco consiste en probar los números en el orden correcto, para evitar que se mueva el disco de atrás. Vamos a verlo con un ejemplo. Suponga que el tercer número elegido es el 17. Comience por poner a cero los discos con tres giros en sentido horario y luego deténgase en el primer número, por ejemplo 1. Una vez que el disco de atrás está colocado en 1, debe mantenerse allí mientras prueba todas las combinaciones que comienzan con 1. Después de colocar el disco de atrás en 1, gire el dial una vez en sentido antihorario; luego coloque el disco medio en el segundo número posible que sea apenas mayor que el primer número. En este caso es 3, que es apenas dos números mayor que 1. Luego gire en sentido horario hasta el tercer número elegido, 17, y pruebe el arco. Acaba de probar 1-3-17. Si esto falla, no ponga los discos a cero. En cambio, simplemente gire en sentido antihorario pasando el 3, donde el dial va a desenganchar de nuevo el disco medio, y mueva el disco medio apenas más allá hasta el próximo segundo número posible, 7. Cuando el disco medio se mueve a su nueva posición, gire apenas el dial en sentido horario hasta el 17, y tire del arco para probar 1-7-17. Continúe repitiendo este proceso, moviendo el disco medio cada vez más allá para probar 1-11-17, 1-1517, 1-19-17, 1-23-17, 1-27-17, 1-31-17 y 1-35-17. Observe que cuando llegue a 1-15-17, el giro en sentido horario hasta el 17 será un giro casi completo. Después de eso, deberá girar en realidad dos veces pasando el 19 para colocar el disco medio. A continuación, la combinación solo tendrá un leve movimiento en sentido horario desde 19 a 17. Y luego, los giros para colocar el disco medio solo deben ser un pequeño giro en sentido antihorario para 1-23-17, con giros más amplios para cada número siguiente. Esto sucede siempre que la secuencia de segundos números se cruza con el tercer número elegido. 1-15-17 en realidad no es una combinación probable, dado que el tercer número es apenas mayor que el segundo. Es probable que los pitones se enganchen y muevan el disco medio cuando avance al 17. Por eso, puede saltar esta combinación para ahorrar tiempo. Sin embargo, si no quiere complicarse, es más seguro completar toda la secuencia. Si ninguno de los números funciona y los colocó correctamente, entonces sabrá que la

Cerraduras de combinación Cómo descifrarlas 187

combinación no comienza en 1 y termina en 17. Simplemente avance al siguiente primer número a probar, ponga a cero todos los discos y repita el proceso. Si ninguna de las posibilidades de primer número funciona, deberá probar otro tercer número.

Aquí vemos un ejemplo de tabla de marcado para el tercer número 17. Fíjese que se ha quitado el 15 como posible segundo número para ahorrar tiempo. Si hay muchos terceros números que quiera probar que coincidan con la misma distribución de diez muescas, los puede probar juntos a medida que avance por el patrón.

A continuación hay cuatro tablas para descifrar cerraduras de 12 muescas. Para utilizarlas, primero elija la tabla adecuada con el tercer número elegido incluido en el conjunto de posibles primeros números. La primera columna representa todos los posibles primeros números. Comience con el número que es igual el tercer número elegido y desplácese hacia arriba y hacia abajo. Cuando recorra las posibilidades del segundo número, puede saltar el segundo número que es apenas menor que el tercer número elegido.

Cerradura de 12 compuertas - Ejemplo de tabla de marcado para el tercer número: 17

Pruebe el primer número...	Después pruebe el segundo número...								Después pruebe el tercer número...
17	19	23	27	31	35	39	3	7	11 17
21	23	27	31	35	39	3	7	11	17
13	19	23	27	31	35	39	3	7	17
25	27	31	35	39	3	7	11	19	17
9	11	19	23	27	31	35	39	3	17
29	31	35	39	3	7	11	19	23	17
5	7	11	19	23	27	31	35	39	17
33	35	39	3	7	11	19	23	27	17
1	3	7	11	19	23	27	31	35	17
37	39	3	7	11	19	23	27	31	17

Cerradura de 12 compuertas - Primeros dos números a probar para la dist. A

Pruebe el primer número... Después pruebe el segundo número... Saltee el segundo número apenas menor que el tercer número

Pruebe el primer número								
0	2	6	10	14	18	22	26	30	34
4	6	10	14	18	22	26	30	34	38
8	10	14	18	22	26	30	34	38	2
12	14	18	22	26	30	34	38	2	6
16	18	22	26	30	34	38	2	6	10
20	22	26	30	34	38	2	6	10	14
24	26	30	34	38	2	6	10	14	18
28	30	34	38	2	6	10	14	18	22
32	34	38	2	6	10	14	18	22	26
36	38	2	6	10	14	18	22	26	30

Cerradura de 12 compuertas - Primeros dos números a probar para la dist. B

Pruebe el primer número... Después pruebe el segundo número... Saltee el segundo número apenas menor que el tercer número

1	3	7	11	15	19	23	27	31	35
5	7	11	15	19	23	27	31	35	39
9	11	15	19	23	27	31	35	39	3
13	15	19	23	27	31	35	39	3	7
17	19	23	27	31	35	39	3	7	11
21	23	27	31	35	39	3	7	11	15
25	27	31	35	39	3	7	11	15	19
29	31	35	39	3	7	11	15	19	23
33	35	39	3	7	11	15	19	23	27
37	39	3	7	11	15	19	23	27	31

Cerraduras de combinación Tablas de marcado

Cerradura de 12 compuertas - Primeros dos números a probar para la dist. C

Pruebe el primer número...   Después pruebe el segundo número...
Saltee el segundo número apenas menor que el tercer número

2	4	8	12	16	20	24	28	32	36
6	8	12	16	20	24	28	32	36	0
10	12	16	20	24	28	32	36	0	4
14	16	20	24	28	32	36	0	4	8
18	20	24	28	32	36	0	4	8	12
22	24	28	32	36	0	4	8	12	16
26	28	32	36	0	4	8	12	16	20
30	32	36	0	4	8	12	16	20	24
34	36	0	4	8	12	16	20	24	28
38	0	4	8	12	16	20	24	28	32

Cerradura de 12 compuertas - Primeros dos números a probar para la dist. D

Pruebe el primer número...   Después pruebe el segundo número...
Saltee el segundo número apenas menor que el tercer número

3	5	9	13	17	21	25	29	33	37
7	9	13	17	21	25	29	33	37	1
11	13	17	21	25	29	33	37	1	5
15	17	21	25	29	33	37	1	5	9
19	21	25	29	33	37	1	5	9	13
23	25	29	33	37	1	5	9	13	17
27	29	33	37	1	5	9	13	17	21
31	33	37	1	5	9	13	17	21	25
35	37	1	5	9	13	17	21	25	29
39	1	5	9	13	17	21	25	29	33

Discos de una muesca

Algunas veces, las cerraduras baratas tienen una sola muesca en el disco frontal y ninguna muesca falsa. A menudo, como lo muestra la figura, tienen al menos una muesca falsa. Cuando solo hay una muesca, es sencillo descubrir su centro. Para entender cómo complica las cosas la segunda muesca falsa, vamos a observar la forma de la muesca falsa.

Cerradura de una muesca

Las muescas falsas en las cerraduras no suelen tener una pendiente pronunciada en los dos extremos, sino un lado con inclinación suave. La muesca real tiene una pendiente pronunciada de los dos lados. En esta situación es posible, con cierta dificultad, salir de uno de los lados de la muesca falsa girando mientras se aplica tensión al arco. Cuando está dentro de la muesca real, es muy difícil salir de la muesca en cualquier dirección girando el dial mientras aplica tensión. Así se reconoce la verdadera muesca.

Para descifrar estas cerraduras use una técnica similar a la que usó para las cerraduras de doce muescas. Sin embargo, es mucho más sencillo encontrar el tercer número. Ya no tiene muchas muescas falsas que le impidan aplicar tensión al arco y girar el disco. Con este tipo de cerradura, puede girar con libertad el disco liso hasta que la palanca caiga en una muesca falsa. Ahora solo debe liberar la presión en el arco, y dejar que la palanca salte hasta la siguiente muesca que ya sabemos que es la correcta. Solo encontrará este diseño en cerraduras baratas, porque es mucho más fácil de descifrar.

Una vez que encuentre el centro de la muesca real, felicitaciones: acaba de encontrar el tercer número de la combinación. Todavía deberá repetir el proceso de ensayo y error para descubrir los primeros dos números correctos. Este procedimiento para encontrar los dos primeros números es igual al aplicado para las cerraduras de doce muescas en la sección anterior. La diferencia es que ya sabe cuál es el tercer número.

Elija una tabla de combinaciones de los primeros dos números que contenga el tercer número conocido en el conjunto de posibles primeros números. Al igual que con la cerradura de doce muescas, comience con las combinaciones más probables de los primeros dos números. Como ya conoce el tercer número, concéntrese en las filas con un primer número similar al tercero que conoce. Le ayudará a encontrar antes la combinación correcta.

Conclusión

Hay otros atajos para reducir las combinaciones que es necesario probar. El procedimiento anterior asume que los discos quedan en una posición aleatoria. Los usuarios de las cerraduras deben hacer girar el dial varias veces después de usarlas para poner a cero los discos de la cerradura. Pero, a veces, las personas no resetean completamente los discos cuando cierran la cerradura de combinación. Si tiene suerte, el dial puede estar cerca del tercer número. Aunque éste no sea el caso, aún puede sacar ventaja de los discos que no estén completamente reseteados. Haga girar el dial y el disco frontal en sentido antihorario hasta que perciba o escuche que engancha con el disco medio. Si el disco medio fue dejado en la posición correcta, ya encontró el segundo número de la combinación. Continúe girando el dial y llegará a percibir cómo se enganchan el disco medio y el de atrás. Este es el primer número de la combinación. Es posible que estos números no sean exactos, porque los discos pueden haber girado un poco al engancharse, pero puede estar cerca y le ayudará a probar las combinaciones más probables primero. Para evitar esto, algunas cerraduras tienen una función de puesta a cero automática. Esta función hace girar ligeramente uno o más discos cuando el arco está abierto o al cerrarlo.

En algunas cerraduras, las muescas falsas pueden no ser del mismo tamaño o no estar espaciadas uniformemente. Si esas son todas las diferencias, el abordaje descrito aquí aún puede funcionar. Primero identifique cuáles de las muescas son los posibles terceros números, y luego use la técnica avanzada de marcado para encontrar la combinación correcta.

Como siempre, las cerraduras más caras y sofisticadas serán más difíciles de vencer probando combinaciones por medio de la fuerza bruta. Si el fabricante usa combinaciones aleatorias, la combinación correcta puede ser cualquier conjunto posible de primer y segundo número con igualdad de probabilidades. Las tablas del libro también asumen que los discos de atrás tienen 10 posibilidades diferentes, separadas por 4 números. Si una cerradura tiene otra distribución de posibilidades, se deben cambiar las tablas en consecuencia. Si la cerradura no es del tipo de candado común analizado aquí, y no conoce el conjunto de posiciones posibles, deberá probar más combinaciones para asegurarse de encontrar la correcta. Si las tolerancias son suficientemente laxas, puede arreglárselas probando solo los números pares o impares. Aún así, asegúrese de usar la técnica avanzada de marcado descrita en la sección de las doce muescas para acelerar el proceso.

Algunas veces los fabricantes describen sus combinaciones con giros izquierda-derecha-izquierda en vez de los números tradicionales derecha-izquierda-derecha. Generalmente se puede girar el disco ya sea izquierda-derecha-izquierda o derecha-izquierda-derecha para abrir la cerradura. Sin embargo, los números para los dos abordajes son distintos a causa del espesor de los pitones de enganche de los discos. Esto es particularmente importante para las muescas angostas. Un fabricante puede publicar un abordaje izquierda-derecha-izquierda con las muescas cubriendo correctamente los números enteros. Sin embargo, si las muescas son suficientemente angostas y los pitones de enganche son gruesos, el giro de los discos en dirección opuesta puede provocar que las muescas verdaderas no se alineen bajo un número entero. Pero, por lo general, todas las cerraduras comunes tiene los números previstos para ser usados girando los discos derecha-izquierda-derecha.

Le deseamos buena suerte en el uso de las técnicas descritas en este libro. Como puede ver, la determinación de la combinación correcta de una cerradura de combinación es muy diferente del falseo de una cerradura de tambor. Sin embargo, algunos aspectos son siempre los mismos, como la necesidad de paciencia y persistencia. Estas técnicas están diseñadas para tomar un conjunto infranqueable de combinaciones posibles y reducirlo a un conjunto manejable de combinaciones a probar. El tiempo que insuma dependerá de su habilidad y de las tolerancias de la cerradura. También en las cerraduras de combinación, la práctica es la clave.

9

Diatribas finales

Diatribas finales

En este libro hemos tratado las cerraduras más comunes con las que es probable que se encuentre. La mayoría de las cerraduras en uso son de alguno de estos tipos o ligeras variaciones de los mismos. Sin embargo, vienen en una amplia variedad de formas y tamaños. Solo con un poco de práctica, cualquiera puede vencer a la mayoría de las cerraduras comunes que se encuentran en candados, puertas, escritorios, gabinetes, etc... Después de probar estas técnicas es fácil peder la fe en las cerraduras comunes de las puertas. Familiarizarse con la facilidad del falseo de cerraduras puede darle una sensación de desprotección. Sin embargo, este mismo conocimiento puede traerle serenidad. Ahora conoce bien los dispositivos de seguridad adecuados que debe obtener y también cuál es la ayuda necesaria en un momento dado. Los cilindros de alta seguridad pueden exigir mucha práctica y habilidad. A pesar de que es posible que nunca logre falsear las mejores cerraduras que existen, debe poder ampliar enormemente su pericia con el tiempo.

La cerrajería es un oficio antiguo. Desde que se inventaron y se utilizan las cerraduras, nuestra sociedad necesita personas que mantengan esas cerraduras. En el pasado, los gremios medievales y otros tipos de asociaciones, sindicatos y organizaciones de cerrajeros fueron más frecuentes. Guardaban sus secretos celosamente para poder explotar sus conocimientos y cobrar por sus servicios. Se mantenía un control estricto de los aprendices, de la tecnología de las cerraduras y de los métodos de manipulación. Por ser tan estrictos y mantener un poder casi monopólico, la tecnología de las cerraduras avanzó muy lentamente. Hoy en día, a pesar de que la información está mucho más accesible en las publicaciones de la especialidad, los cerrajeros todavía pueden cobrar bastante bien por sus servicios. La llegada de la era de la información provocó una explosión en la cantidad de información disponible. Si decide leer sobre el falseo de cerraduras en Internet, sea cauteloso con respecto a las fuentes. A pesar de que muchas de las fuentes son entretenidas, pueden ser engañosas y/o equivocadas.

Una cosa que pervive a través de las épocas es el sentido ético de la comunidad de cerrajeros profesionales. Es muy bueno mantener esta tradición y una alta integridad personal. La cerrajería es un oficio que requiere diversas habilidades. Este libro no entra en los detalles de muchos conceptos importantes, por ejemplo, cómo instalar cerrojos, carpintería, maquinado, electrónica, contabilidad, etc... Como cerrajero, también puede interiorizarse de varios tipos de sistemas de seguridad. Lo que decida hacer, depende de usted. Su motivación es el único factor limitante de su éxito.

Es muy importante que se asegure de tener las autorizaciones o permisos adecuados para abrir una cerradura antes de intentar falsearla. También asegúrese de que la persona que le da el permiso esté realmente autorizada para hacerlo. Puede ser ilegal llevar consigo las herramientas para falsear cerraduras. Verifique las leyes locales con respecto a su situación. Tenga presente que las personas lo pueden hacer responsable de los daños que ocasione mientras intenta vencer una cerradura. El cerrajero local puede ser una valiosa fuente de información.

No trate de hacer alardes ni exhiba su ego cuando se enfrente a una cerradura. No trate de atacar la cerradura por la fuerza. Por el contrario, trate de trabajar con la cerradura. Coopere con ella y ella cooperará con usted. La paciencia es una facultad crucial que debe dominar. Si pierde la paciencia, tiene muy pocas esperanzas de éxito. Tómese tiempo, no se apure y escuche lo que le dice la cerradura. Esto puede sonar innecesario, pero recuerde que está manejando pequeñas piezas de metal maquinado con tolerancias ajustadas moviéndose a distancias que no son perceptibles a simple vista. Debe estar en perfecta sintonía con todos sus sentidos para entender lo que le dice la cerradura. Con tiempo y práctica, usted también puede convertirse en un maestro cerrajero.

En los últimos años, ha ganado popularidad el falseo de cerraduras por deporte[1]. Los participantes nunca falsean cerraduras instaladas en ningún lado, solamente falsean cerraduras por pura diversión. Clubes deportivos, grupos locales e incluso grandes competencias han comenzado a proliferar. Alemania, en particular, es anfitriona de una asociación grande y organizada. Incluso se ha traducido este libro al alemán debido a la popularidad del deporte. Es posible que haya aficionados al falseo de cerraduras en su zona.

---

1 N. de la T.
También conocido como "*lock picking* deportivo".

Glosario

Glosario

Accionador – En el contexto de la apertura de cerraduras, un accionador es cualquier dispositivo o componente que al funcionar activa o desactiva un mecanismo de cierre.

Agujero del pivote – Agujero dentro de las placas de las cerraduras de palanca. Un perno atraviesa estos agujeros y permite que las placas giren cuando se acciona la llave.

Apertura limpia – Acto de abrir una cerradura con habilidad sin dañarla ni usar la fuerza.

Apertura por medio de cuñas – Apertura de una cerradura por el movimiento directo del pestillo o pasador. Este método de apertura evita la manipulación de los fiadores u otros mecanismos de traba.

Arandela espaciadora – Arandelas pequeñas diseñadas para quedar fijas e impedir que los discos de las cerraduras de combinación transmitan el giro de unos a otros cuando los pitones de enganche no se tocan.

Arco – Arco de metal de un candado que se puede colocar sobre cadenas, portones u otro elemento a asegurar.

Asiento – Parte curva de la placa dentro de una cerradura de palanca que entra en contacto con la llave.

Bisel – Borde en ángulo. Por ejemplo, la mayoría de los pasadores accionado por resorte tienen un borde biselado para permitir el cierre sin destrabar la cerradura. Los agujeros también pueden ser biselados para provocar que los pernos se coloquen en falso en ellos.

Bocallave – Abertura de la cerradura por la que se inserta la llave.

Cabeza – Asa de la llave. La porción de la llave que se sostiene con los dedos.

Caja – ver *Cuerpo*

Cámara – Agujero en la caja en el que se instala el pestillo.

Cambio de combinación – Cambio o redistribución de los pernos por otros de diferentes alturas de modo que sea necesaria una nueva distribución de los cortes de la llave para que accione la cerradura.

Glosario

Cambios – Número de llaves diferentes que admite un determinado tipo de cerradura.

Candado – Cerradura portátil con un arco, aro u otro componente de retención que se puede aplicar a un objeto para asegurarlo.

Carcasa – ver *Cuerpo*

Cerco – ver *Placa*

Cerradero – Placa, generalmente de metal, instalada en el marco de la puerta u otro objeto. El pasador de la cerradura está diseñando para ingresar en el cerradero y mantener la cerradura cerrada.

Cerradura – Dispositivo que intenta impedir el acceso no autorizado salvo que se utilice una llave previamente designada, un código, un dispositivo biométrico u otro método de autenticación.

Cerradura de cilindro de discos – Cerradura de tambor que usa discos en lugar de pines. Una serie de discos paralelos dentro de la cerradura se alinean con los cortes correspondientes de la llave. Los discos se mueven en función de la altura de las muescas cortadas en la llave. Solo las muescas de la altura correcta mueven los discos de forma adecuada y permiten el giro del cilindro.

Cerradura de combinación – Diseño de cerradura que no usa llaves. En cambio, los usuarios deben recordar e ingresar una combinación para abrir el dispositivo.

Cerradura de discos– ver *Cerradura de cilindro de discos*

Cerradura de doble custodia – Cerradura que necesita dos llaves diferentes usadas simultáneamente para abrirla. Una sola de las llaves no funciona.

Cerradura de fiador de palanca – Tipo de cerradura con muchas placas dentro de ella. Es un diseño muy seguro cuando se produce correctamente. Las cajas de seguridad de los bancos suelen contar con cerraduras con más de 10 placas de alta seguridad dentro de ellas.

Cerradura de guardas – Cerradura que utiliza guardas para diferenciar entre las llaves y solo permite que la llave correcta accione la cerradura.

Cerradura de palanca de Barron – Tipo de cerradura de palanca que eleva la palanca para coincidir con las muescas del pestillo, a diferencia de las modernas cerraduras de palanca que tienen las muescas en la placa.

Cerradura tubular – Diseño de cerradura que en principio es muy similar a un tambor de pines, excepto por el hecho de que las columnas de pines están organizadas en círculo en lugar de en línea.

Cerraduras de cilindro con barra lateral – Una cerraduras de cilindro de discos que incorpora una barra que solo se coloca en su lugar y permite el giro del cilindro cuando todos los discos están correctamente alineados.

Cerraduras de cilindro de placas – Tipo de cerraduras de cilindro que tiene muchas placas finas; suelen ser 15.

Cerrojo – Pestillo que no está biselado ni accionado por resorte. Solo puede ser accionado al abrir o cerrar la cerradura directamente.

Cilindro – Cilindro interior de una cerradura. La parte de la cerradura que gira cuando se acciona la llave. Muchas cerraduras admiten que se retire el cilindro para cambiar la combinación.

Cilindro de discos de doble cara – Cerraduras de cilindro de discos que tiene resortes alternados que requieren que algunos discos se empujen hacia arriba mientras que otros se empujan hacia abajo.

Cilindro de doble cara – ver *Cilindro de discos de doble cara*

Colocación en falso – Cuando un perno da la impresión de haberse colocado correctamente, pero en realidad todavía bloquea la línea de corte.

Colocar un perno – Hacer coincidir la división entre el contraperno y el perno con la línea de corte. Cuando un perno está colocado, no impide la rotación del cilindro.

Columna de pernos – La columna de contraperno, perno, resorte y posiblemente perno maestro que se desliza dentro de los agujeros de las cerraduras de tambor de pines.

Columna de pines – ver *Columna de pernos*

Compuerta – ver *Muesca de disco*

Contraperno – Perno superior de un cilindro de pernos, que se desplaza hacia arriba, dentro del tambor, cuando se inserta la llave. Los pernos de control hacen contacto directo con los resortes y "controlan" el movimiento hacia abajo de los pernos-llave debajo de ellos.

Contraperno aserrado – ver *Perno aserrado*

Glosario

Contraperno de carrete – ver *Perno de carrete*

Contraperno de hongo – ver *Perno de hongo*

Corte de la garganta – Corte diseñado en una llave plana que permite que el muñón bloquee el canal de la llave para prevenir mejor el falseo.

Cortes – ver *Muescas*

Cuerpo – Parte principal de la estructura de la cerradura. El cilindro gira dentro del cuerpo.

Decodificador tubular – Herramienta que se utiliza para medir las profundidades de los sensores de una ganzúa tubular.

Dentado – Configuración de las muescas o cortes de la llave que se corresponden con la cerradura.

Dial – Dial de la cerradura de combinación con números impresos en él, que se gira para marcar la combinación.

Diente – Parte de la llave que gira o acciona el pestillo y/o hace contacto con los fiadores.

Disco – Pieza redonda y plana de una cerradura de combinación. Hay varios discos en una cerradura, cada uno gira y tiene una muesca que se debe alinear adecuadamente para que la cerradura abra.

Disco frontal – Disco más próximo al dial de una cerradura de combinación. Este disco generalmente cuenta con varias muescas falsas.

Disco maestro – ver *Perno maestro*

Doble cierre – Diseño de cerradura que utiliza dos mecanismos de cierre distintos para mantenerla cerrada. Se debe abrir los dos mecanismos para que abra el dispositivo general. Se encuentra a menudo en diseño de esposas.

En bruto – ver *Llave en bruto*

Espaciador – Divisor fijo entre las placas de las cerraduras de palanca o los discos de las cerraduras de combinación, que impiden que las placas o los discos vecinos transfieran los movimientos de uno a otro. A los *pernos maestros* a veces también se les llama espaciadores.

Espaciador de discos – ver *Arandela espaciadora*

Espaciador de placas – Pieza plana que separa las placas en una cerradura de palanca. Impiden que las placas interfieran entre sí mientras funciona la llave.

Espiga – ver **Lengüeta**

Espiga del pestillo – Parte del pestillo que puede deslizarse hacia adentro o hacia afuera de las placas cuando la llave adecuada acciona la cerradura.

Extractor de cilindro – Herramienta que se utiliza para extraer el cilindro empujándolo hacia afuera. Llena por completo el hueco que deja el cilindro y retiene los contrapernos y los resortes dentro del tambor y la carcasa exterior.

Extractor de llaves – Herramienta utilizada para extraer fragmentos de llaves rotas u otras piezas pequeñas

Falseo por impacto – Método de falseo que requiere que todos los pernos inferiores sean golpeados al mismo tiempo. Estos pernos inferiores transmiten el impulso a los contrapernos que atraviesan la línea de corte. Esto permite que el cilindro gire en ese preciso momento y se abra la cerradura.

Falseo por vibración – Método para abrir una cerradura haciendo rebotar los pernos hacia arriba y hacia abajo hasta liberar la línea de corte y que la cerradura se pueda abrir.

Fiador – Los pines, placas, discos, palancas u otros objetos que se mueven o rotan en diferente medida según la llave utilizada. La cerradura solo se abre cuando los fiadores se mueven en la medida adecuada en la dirección adecuada.

Fiadores de seguridad – ver **Pernos de seguridad**

Ganzúa – Herramienta de algún tipo que se puede utilizar para manipular los fiadores o abrir de alguna otra manera una cerradura sin usar la(s) llave(s) prevista(s).

Ganzúa de gancho – Herramienta usada para ganzuar cerraduras manipulando manualmente cada perno por separado.

Ganzúa eléctrica – Pistola de ganzuar automática.

Ganzúa mecánica – ver **Pistola de ganzuar**

Ganzúa para cerradura tubular – Herramienta diseñada específicamente para manipular los pernos de las cerraduras tubulares.

Glosario

Ganzuado inverso – Estilo de ganzuado en el que todos los contrapernos se empujan hacia arriba pasando la línea de corte. Las columnas de pernos se rastrillan o manipulan para hacer que los pernos inferiores caigan debajo de la línea de corte.

Girador de cilindros – Herramienta que se utiliza para hacer girar el cilindro con rapidez. Esta herramienta puede hacer girar el cilindro tan rápido que los contrapernos no tienen oportunidad de caer dentro del cilindro.

Guarda – Obstrucción que impide que una llave incorrecta pueda entrar, girar o moverse dentro de una cerradura.

Guarda de la caja – Parte de la caja que actúa como guarda. Una llave debe estar adecuadamente cortada para evitar esta obstrucción.

Guarda final – Guarda ubicada al final del canal de la llave. La punta de la llave debe estar conformada para moverse alrededor o evitar esta guarda.

Herramienta de rotación – ver **Herramienta de tensión**

Herramienta de tensión – Herramienta que se inserta en la bocallave y se utiliza para aplicar una fuerza de rotación sobre el cilindro.

Herramienta de tensión accionada por resorte – Llave de tensión especial que permite la aplicación sensible de la fuerza de rotación.

Herramienta de tensión redonda – Herramienta redonda que se utiliza para aplicar fuerza de rotación a ambos lados del canal de la llave. Este estilo mantiene despejado el canal de la llave y es útil en las cerraduras de dos caras.

Hombro – Parte de la llave que permanece afuera del canal de la llave cuando la llave está completamente insertada.

Jiggler – ver **Llave de prueba**

Lengüeta – Parte de la llave o ganzúa que conecta el mango con la punta, generalmente es una pieza delgada de metal.

Línea de corte – Línea de separación entre el cilindro y el cuerpo de la cerradura. Cuando los pernos, discos u otras obstrucciones atraviesan esta línea, el núcleo no puede girar. Cuando esta línea está libre de obstrucciones la cerradura se puede abrir.

Linus Yale – Inventor de la cerradura moderna de tambor de pines.

Llave – Dispositivo diseñado para abrir una o más cerraduras específicas.

Llave 999 – ver *Llave de percusión*

Llave de golpe – ver *Llave de percusión*

Llave de impacto – ver *Llave de percusión*

Llave de percusión – Llave cortada especialmente con todas las muescas cortadas al nivel más profundo. Todo lo que queda de la hoja es una pequeña rampa para cada perno. Cuando se inserta la llave impactándola en la cerradura, cada rampa hace rebotar un perno para colocarlos todos simultáneamente.

Llave de prueba – Llave que al ser meneada dentro de una cerradura puede abrir un subconjunto importante de las cerraduras de un tipo en particular.

Llave de rotación – ver *Herramienta de tensión*

Llave de tensión – ver *Herramienta de tensión*

Llave de torque – ver *Herramienta de tensión*

Llave en bruto – Llave que aún no fue cortada o tallada para adecuarse a una cerradura.

Llave maestra – Llave que puede abrir un conjunto de cerraduras diferentes. Estas cerraduras están diseñadas para ser abiertas por más de un tipo de llave.

Llave maestra para cerraduras de guardas – Llave para cerraduras de guardas que solo tiene las partes necesarias para entrar en la cerradura y girar el pestillo. No tiene otras partes salientes que puedan hacer contacto con las guardas e impedir el giro. Es, en efecto, una llave maestra para todas las cerraduras de guardas de ese tipo.

Manipulación – Método para falsear una cerradura en el que se evita la cerradura y se manipula directamente el pestillo.

Manipulación de la cerradura – Apertura de una cerradura sin utilizar la llave prevista.

Muesca – Corte en un componente de la cerradura con tamaño o ubicación específicos.

Glosario

Muesca del disco – Ranura en el disco de una cerradura de combinación. Cuando todas las muescas de los discos se alinean debajo de la palanca se puede abrir correctamente la cerradura.

Muescas falsas – Muescas en una placa o disco diseñadas para imitar la muesca real y evitar que abra una cerradura, cuando la ganzúan o tratan de descifrarla.

Muñón – Parte de la cerradura de palanca que aloja la llave mientras la cerradura se utiliza correctamente. Ayuda a transmitir la energía de rotación y bloquea la bocallave para obstaculizar la manipulación de la palanca.

Núcleo – ver *Cilindro*

Ojo – ver *Bocallave*

Palanca – Parte de una cerradura de combinación que gira hacia las muescas de los discos y permite que se abra la cerradura.

Paleta – Parte de la llave que contiene las muescas y el dentado.

Pasador – Perno que se extiende hacia afuera de la cerradura e ingresa en el marco de la puerta, el cerradero, el arco u otra entidad que mantenga cerrada la cerradura.

Pasador – ver *Pasador antifalseo*

Pasador antifalseo – Estos pasadores se pueden encontrar a menudo en cerraduras de puertas que se pueden cerrar sin una llave. Es un pasador secundario pequeño que se ubica cerca del pasador principal grande. El pasador principal se acciona por resorte, sobresale de la puerta y la mantiene cerrada. Si el pasador secundario se mantiene presionado mientras la puerta está cerrada, mecánicamente impide que el pasador principal se retraiga hacia adentro de la puerta. Como el pasador principal no se puede empujar hacia adentro, este pasador está diseñado para oponerse a la apertura por medio de cuñas.

Perno – Perno inferior de un cilindro de pernos, que hace contacto con la llave. Los pernos inferiores están cortados de varias alturas para complementar las profundidades de las muescas de la llave.

Perno aserrado – Tipo de perno de seguridad que tiene lados irregulares que se enganchan en los dientes de los agujeros para los pernos. Esta configuración de pernos dificulta mucho el ganzuado de la cerradura.

Perno de carrete – Tipo de perno de seguridad que es más ancho en la parte superior y en la parte inferior. Está diseñado para colocarse en falso y dificultar el ganzuado de la cerradura.

Perno de control – ver **Contraperno**

Perno de hongo – Perno de alta seguridad diseñado para dificultar el ganzuado por medio de la colocación en falso.

Perno flotante – Perno que puede moverse libremente hacia arriba y hacia abajo.

Herramienta de extracción – ver *Extractor de cilindros*

Perno inferior – ver **Perno**

Perno intermedio – ver **Perno maestro**

Perno maestro – Perno que se ubica entre el contraperno y el perno inferior. Crea más combinaciones posibles de la línea de corte, por lo que más de una llave puede abrir la cerradura.

Perno muerto – Perno completamente inmóvil en lugar de un perno normal movible, previsto para impedir que se utilicen llaves incorrectas o herramientas de falseo en el canal de la llave.

Perno superior – ver **Contraperno**

Perno-llave – ver **Perno**

Perno-llave fino – Perno delgado que se usa como medida antiganzuado en cerraduras tubulares y de palanca.

Pernos – Piezas cilíndricas de metal que calzan dentro de una cerradura y funcionan como fiadores. Impiden la rotación del cilindro a menos que sean elevados a una altura adecuada.

Pernos de seguridad – Pernos diseñados para hacer que el falseo sea mucho más difícil.

Pestillo – El pasador que se acciona directamente por la acción de giro del cilindro cuando la cerradura se abre/cierra.

Pieza de cola – Actuador físicamente vinculado al fondo del cilindro que está diseñado para mover el pestillo.

Pinza de presión – Herramienta manual que funciona igual que una pinza, pero que se puede bloquear en el lugar.

Glosario

Pistola de ganzuar – Herramienta manual utilizada para abrir cerraduras de tambor de pines con el mínimo de esfuerzo y habilidad.

Pitones de enganche – Partes salientes de los discos de las cerraduras de combinación. Estas partes salientes se tocan y transmiten el giro de un disco al otro. De esta forma el operador puede colocar correctamente todos los discos marcando la combinación justa.

Placa – Pieza plana de metal de una cerradura de palanca que permite que el pasador se deslice en una muesca solo si la llave gira la cantidad correcta.

Placa maestra – ver *Perno maestro*

Portacilindro – Herramienta que se utiliza para sostener el cilindro mientras se le hace mantenimiento.

Posición del dentado – Ubicación de una muesca en la llave.

Profundidad del dentado – Profundidad de una muesca de la llave.

Punta – Extremo de la herramienta o llave que entra primero en el canal de la llave. En el caso de una ganzúa o rastrillo es la parte que entra en contacto directo con los fiadores y los manipula.

Rastrillado – Método de apertura para varios tipos de cerradura por medio de la manipulación directa de los fiadores.

Rastrillo – Herramienta que se utiliza para manipular los fiadores y abrir una cerradura sin usar la(s) llave(s) prevista(s).

Resorte de control – Resorte en la parte superior de una columna de pernos que empuja los pernos o fiadores hacia abajo contra el canal de la llave.

Resorte de tensión – Resorte que aprieta los discos y los espaciadores en una cerradura de combinación. La fricción mantiene los discos en el lugar, permitiendo que se ubiquen y mantengan en una posición específica para abrir la cerradura.

Romper un perno – ver *Colocar un perno*

Sensores – Palancas deslizantes que entran y salen de una ganzúa tubular. Cuando estas palancas están correctamente colocadas, la herramienta imita la forma de la llave real y puede accionar la cerradura.

Tambor – ver *Cuerpo*

Tambor de pines – Diseño de cerradura que utiliza columnas de pines como mecanismo fiador. Las muescas de la llave deben levantar los pernos hasta la altura correcta para que puedan separarse en la línea de corte y permitir que gire el mecanismo de cierre.

Tija – Parte larga de la llave entre la *cabeza* y la *lengüeta*.

Toma de impresiones – Método de creación de una nueva llave sin conocer el aspecto de la llave original. Generalmente implica tomar impresiones de la forma o la estructura de la cerradura en una llave en bruto y limarla progresivamente para que accione la cerradura.

Tornillo de la caja – Tornillo responsable de mantener la cubierta de la cerradura en el lugar.

Torque – Fuerza de rotación

Trabazón – Ocurre cuando el tambor y el cilindro atascan el perno, manteniéndolo en el lugar.

Trampa – ver ***Trampa posterior***

Trampa frontal - Cavidad dentro palanca de una cerradura de palanca. La espiga del pestillo descansa en esta cavidad cuando la cerradura está cerrada.

Trampa posterior – Cavidad dentro de las placas de las cerraduras de palanca. La espiga del pestillo descansa en esta cavidad cuando la cerradura está abierta.

AVISO LEGAL

ES RESPONSABILIDAD DEL COMPRADOR (NO DE STANDARD PUBLICATIONS, INC.) AVERIGUAR Y OBEDECER LAS LEYES VIGENTES LOCALES, ESTATALES Y FEDERALES RELACIONADAS CON LA POSESIÓN Y EL USO DE CUALQUIER OBJETO O IDEA AQUÍ MENCIONADOS. CONSULTE A SU ABOGADO SOBRE LAS LEYES LOCALES, ESTATALES Y FEDERALES ANTES DE REALIZAR CUALQUIER ACTIVIDAD. STANDARD PUBLICATIONS, INC. NO ES RESPONSABLE DE LO QUE USTED HACE. ESTE PRODUCTO ESTÁ DESTINADO SOLAMENTE AL USO EDUCATIVO E INFORMAL Y NO DEBE SER USADO PARA FINES LEGALES. STANDARD PUBLICATIONS, INC. NO ASUME RESPONSABILIDADES RELACIONADAS CON ESTE PRODUCTO. STANDARD PUBLICATIONS, INC. SUMINISTRA ESTE PRODUCTO "TAL CUAL ES" Y NO TIENE GARANTÍAS DE NINGÚN TIPO, YA SEAN EXPRESAS O IMPLÍCITAS, INCLUIDAS, ENTRE OTRAS, LAS GARANTÍAS IMPLÍCITAS DE COMERCIABILIDAD E IDONEIDAD PARA UN DETERMINADO FIN, TODO EL RIESGO EN LO REFERENTE A LA CALIDAD Y EXACTITUD DEL PRODUCTO ES SUYO. SI HUBIERAN DEFECTOS, USTED ASUME EL COSTO DE TODAS LAS ACTUACIONES, REPARACIONES O CORRECCIONES NECESARIAS.

NI EL TITULAR DE LOS DERECHOS DE PROPIEDAD NI EL DISTRIBUIDOR SERÁN RESPONSABLES EN NINGÚN CASO, SALVO QUE LO EXIJA LA LEY VIGENTE O SE ACUERDE POR ESCRITO, DE LOS DAÑOS GENERALES, ESPECIALES, ACCIDENTALES O INDIRECTOS RESULTANTES DEL USO O DE LA IMPOSIBILIDAD DE USAR ESTE PRODUCTO, AÚN SI DICHO TITULAR U OTRA PARTE HUBIERAN SIDO AVISADOS DE LA POSIBILIDAD DE TALES DAÑOS.

spi

Ya leyó el libro...
¡Ahora consiga el DVD!

La versión en DVD de este libro toma los diagramas en corte y ¡les da vida con gráficos computarizados a todo color! El video cubre las cerradura de guardas, de tambor de pines y de cilindro de discos, y explica diversas técnicas de apertura. Este video es el complemento perfecto de la *Guía visual para falsear cerraduras* para ayudarle a aprender el arte de falsear cerraduras.

Repase rápidamente los secretos de la Guía visual con este video de estilo conciso y a la vez informativo. Por medio de la práctica y la aplicación de los métodos que se enseñan, es posible dominar la apertura de la mayoría de las cerraduras modernas. La Guía en video, comienza por lo básico y llega a incluir las llaves maestras y los pernos de alta seguridad. Ahora, además de poder ver todas las partes móviles, las puede ver en movimiento. Esta disección de las cerraduras facilita la comprensión de cómo funcionan. Se brindan instrucciones paso a paso para el falseo de cada tipo de cerradura. En un proceso guiado, le presentarán las herramientas necesarias y las diferentes técnicas que lo lleven a la satisfacción de escuchar el clic de la cerradura cuando se abre.

También disponible en VHS.

Guía visual para falsear cerraduras

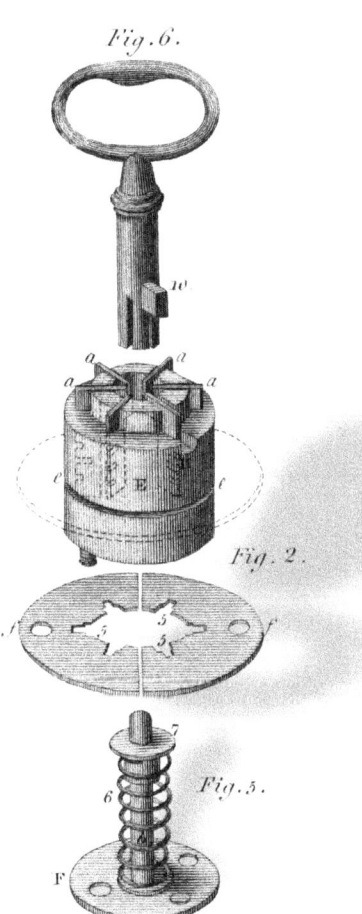

ANIMACIÓN 3D

CERRADURAS
DE GUARDAS

CERRADURAS
DE TAMBOR DE PINES

CERRADURA
DE DISCOS

Y MUCHO MÁS

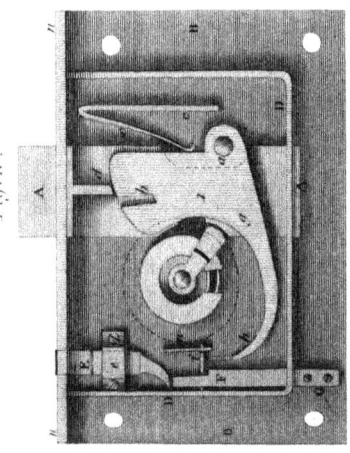

www.StandardPublications.com

standard publications, inc.

Guía visual para **FALSEAR CERRADURAS**

3ª edición

Formulario rápido de solicitud

___ DVD: **$29⁹⁵**

___ Tercera edición: **$24⁹⁵**

___ Segunda edición en alemán: **$24⁹⁵**
    (más 7,5% de impuesto en IL)

Puede hacer la solicitud instantáneamente en Internet:
www.StandardPublications.com
o utilizar esta solicitud sencilla para ordenarlo por correo. Incluya $3 extras si desea que se lo enviemos con prioridad.

Nombre	
Correo electrónico	
Teléfono	
Dirección	
Ciudad, Estado, Código postal	

☐ Tarjeta de crédito   ☐ Cheque/Orden de dinero

Número de tarjeta de crédito	
Fecha de vencimiento	
Firma	

Por favor enviar a: **Standard Publications, Inc.**
PO Box 2226
Champaign, IL 61825 USA

www.ingramcontent.com/pod-product-compliance
Lightning Source LLC
Chambersburg PA
CBHW071415160426
43195CB00013B/1699